Narrador de Mentiras

Cómo escribir un libro de ficción

Eduardo Angarica Freire

Editorial Cooperativa "Letra D´ Kmbio"

Sobre la presente edición (about this edition)

Narrador de Mentiras. Cómo escribir un libro de ficción.

Primera Edición (first edition) Octubre (october) 2018.

Segunda Edición (second edition), noviembre (november) 2019.

Tercera Edición (third edition), julio (july) 2020.

© 2020 EDUARDO ANGARICA FREIRE

© 2020 de la edición (edition):

Letra D´ Kmbio

29 Reu de L´aude, Paris. Email: ldkmbio@gmail.com

Editor (editor): Ana Hernández Capote.

Imagen de portada (cover image): Michal Jarmoluk

Reservados todos los derechos de esta edición para Editorial Cooperativa "Letra D´ Kmbio". París, Francia.

 Escritor cubano, Editor y profesor de talleres literarios. Licenciado en Derecho. Creador del programa "Curso Regular de Talleres Literarios".

Ha publicado entre otros: El Príncipe de los Tratviesos (Guantanamera, España 2017). La Habana Intangible, junto al fotógrafo Pierre Lebret, donde mezclan fotografías y minicuentos, asi cómo, Mente Enemiga y Cuba; siete cuentos estos ultimos con Editorial Cooperativa "Letra D' Kmbio". Ha sido merecedor de la Beca Literaria "La Enorme Hoguera" 2018.

Datos de Contacto:

*El autor está en la mejor disposición de ayudar a los lectores. Puede formularle preguntas, pedir mayor información e incluso su asesoría, de forma gratuita.

Email: seddemas@gmail.com

TABLA DE CONTENIDOS

Narrador de Mentiras

Cómo escribir un libro de ficción

¿Quieres ser escritor?

¿Cuántas veces no te has preguntado: dónde estudian los escritores? Y es una interrogante legítima para todos quienes pasamos el día tentados por escribir una historia. Hoy es mucho más simple formase como escritor o escritora. De hecho, puedes hacerlo tú solo, como esos grandes de la historia que fueron autodidactas. La cuestión es que tardarías muchos años en dominar el oficio, porque el aprendizaje por medios propios, si bien gratificante, está plagado de erratas –permíteme el término– y golpes.

Por eso, hace algunos años, me encontré con la misma pregunta de esta introducción: ¿Quieres ser escritor? Entonces, vi mi futuro iluminarse, y de hecho eso fue lo que ocurrió. Accedí a un curso extraordinario con un profesor –todos le llamamos Felo– al que le debo el 90% de mis conocimientos en este arte de escribir ficciones. En un año escolar aprendí todas las técnicas, trucos, recursos, escondrijos, en fin, la magia detrás de esos libros de aventuras, policiacos, fantasías o terror, que han hechizado a millones de lectores en el mundo. Sin embargo, había un inconveniente: esos saberes estaban dispersos, en diferentes textos, publicaciones, folletos incluso entrevistas a autores renombrados. Durante el curso, Felo nos entregaba la información unificada, procesada, incluso adaptada a nuestro nivel, pero fuera de aquel espacio, continuar formándose era muy complejo.

Decidí entonces, tras muchos años y por el reto de verme en la posición de Felo –devine también profesor de talleres literarios– pues decidí reunir en un solo material la sabiduría antigua, contemporánea y actual de la escritura creativa. Así nació: "Narrador de mentiras", un texto que ya ha formado a más de siete generaciones de escritores y escritoras, y que en este momento es el libro sobre el que se basa el *"Master París-Escritores"*, un curso avanzado para formar creadores de ficción que se imparte desde Francia.

Tú tienes sin dudas en tus manos una oportunidad única de crecer como autor o autora, y te invito a que te respondas ¿Quieres ser escritor(a)? Sí la respuesta es positiva, ve a la Tabla de Contenidos y encuentra allí los temas que más te interesen, descubrirás la variada información que te ofrecemos, con valor agregado para enriquecer tu vocación.

*Recuerda que estoy 100% disponible para los lectores. Sí tienes dudas, desea explicaciones más personalizadas e incluso, necesitas en algún momento la asesoría de un escritor y profesor con mi experiencia, puedes consultarme 100% gratis en mi correo personal: **seddemas@gmail.com**

¡Salud, Amor y Literatura!

PRIMERA PARTE
(Herramientas, Recursos y Técnicas Narrativas)

¿Qué es un escritor?

Sí, sé que ya di un adelanto, pero falta algo más. Algún día escribiré sobre la filosofía y la psicología de la ficción, pero ahora me resulta necesario abordar un pequeño punto que servirá de partida.

Es importante que conozcas algunas diferencias entre tres conceptos que solemos confundir:

Autor, Narrador y Escritor.

• Un narrador; es quien narra la historia –parece obvio, ¿no?– es un ser de tinta y papel que vive en función de contar lo sucedido.

• Un Autor; es quien crea la historia y vive solo en ella, por lo que sus ideas o criterios son estáticos, invariables. Muere con el punto final.

• Un Escritor; es el ser humano que se dedica a escribir y tiene vida independiente de la historia. Su pensamiento se transforma y evoluciona, aun después del punto final.

Un curioso axioma de la escritura afirma: Quién narra, no es quien cuenta y el que cuenta, no es aquel que escribe.

Es sencillo:

El narrador es esa voz que nos cuenta y describe todo cuanto acontece en la historia. En ocasiones es un personaje más de los sucesos, que intercambia opiniones o hasta toma acción en ellos, pero como todos los personajes, es un ser imaginario, hijo de la ficción. Un autor es el reflejo literario, la huella escrita que muestra la imagen de un escritor al crear determinada historia.

Hagamos un ejercicio: Un sujeto X, escribe un cuento donde da a entender que está a favor de la pena de muerte. Pasado un tiempo el sujeto X ha cambiado de opinión, incluso milita en una organización que se opone a este tipo de sanciones y escribe otro cuento donde muestra su nueva concepción.

En cada uno de esos textos, vive un autor distinto, escrito por el mismo escritor. En el primero, es un autor favorable a la pena capital, en el segundo es todo lo contrario.

Incluso Cervantes tiene dos autores distintos en una misma obra. En la primera parte del Quijote, conocemos a un autor apegado al hidalgo, más familiar, condolido de la presunta locura del protagonista. En la segunda parte –en mi opinión– es un autor que cree y defiende a esa figura lograda, a ese caballero andante cada vez más caballero y loco. Sin embargo, esta obra paradigmática, fue escrita por el mismo hombre. Por eso y para concluir, podemos inventar varios narradores para una obra, un autor y ser el mismo escritor.

Cada vez que escribas un cuento, una novela, piensa qué autor estás dejando en esas letras, medita al respecto, porque ese autor, transmite un mensaje que quedará para la historia.

Ahí, está el arte: En nuestra obra residimos en tres sujetos diferentes.

¿Con qué lenguaje debo escribir?

Cuando comencé a desandar los rumbos de la literatura de ficción –como creador– supuse que para ser un escritor y ofrecer una buena obra literaria, debía apropiarme del más alto lenguaje, aquel con vocablos rebuscados, frases eruditas y metáforas desconcertantes que impregnaran de belleza a mis textos. Incluso cuando los personajes dialogaban, puse en boca de estos una manera de hablar que me remitía a siglos pasados. Eso es muy usual para los que comienzan.

Descubrir que el buen uso del lenguaje natural, el coloquial, incluso el local, no es para nada desacertado, me supuso una bendición, porque aquel alto lenguaje que tomé como propio, me resultó muy difícil de dominar.

Un buen narrador, sabe aprovechar y transformar lo simple en complejo, sin complejizarlo. Potabilicemos lo anterior. Existen tres niveles del lenguaje: el lenguaje de nivel alto, que ya definimos con anterioridad; el lenguaje de nivel medio, aquel que conocemos como natural, pues resulta el más hablado, el que solemos emplear en nuestras conversaciones diarias y que la mayoría de la población domina; por último el lenguaje de nivel bajo, referido a ese de los más rezagados estratos sociales, el que suele incluir las mal llamadas, malas palabras, los términos mal pronunciados, los importados de otras culturas e incluso los neologismos, pues suelen crear nuevas voces que rápidamente echan raíces en la comunicación.

Es válido aclarar que la denominación de Alto, Bajo o Medio, no es excluyente ni pretende juzgar, enaltecer o subvalorar a ninguno de ellos, al menos para mí y espero que para ti. Es una simple diferenciación, basada en el uso y comprensión de cada uno.

Comencemos por el nivel bajo. Suele llamársele también, lenguaje vulgar. Es quizás el más importante de todos, porque a este nivel se moviliza la transformación y evolución de la lengua. Sucede en los idiomas, que las palabras que en algún momento constituyeron vocablos no empleados por la media poblacional o por los más eruditos, logran calar en el sistema comunicativo y convertirse primero en voces usadas por la mayoría y luego por los más altos catedráticos.

Miguel de Cervantes fue tildado de vulgar, para los eruditos de su época, el lenguaje de El ingenioso hidalgo, Don Quijote de la Mancha, era considerado un lenguaje de bajo nivel. Han pasado los años, siglos y nadie pone en duda que esta obra sin par de nuestra lengua, goza de un refinamiento lingüístico y un nivel, que pocos han podido emular nuevamente.

Ejemplos sobran para demostrar lo antes dicho, pero argumentemos un poco más: Hace unos años el Diccionario de la Real Academia Española –DRAE– incluyó la palabra: Papichulo. Esta es definitivamente uno de los novedosos avances de la lengua del llamado bajo nivel. Papichulo, como tantos otros ejemplos, ha calado en la comunicación coloquial de diversos sectores, gremios y naciones, logrando el reconocimiento de su valor comunicativo. Probablemente dentro de algunos años o para el próximo siglo, será una palabra empleada en cualquier obra, de un Novel de Literatura.

No temas al lenguaje de bajo nivel. Lo importante es saber cómo aprovecharlo. Para los escritores el nivel medio es el más útil de todos, pero no exclusivamente. También emplearemos los otros dos. Ya hablamos del bajo, veamos el alto.

El alto nivel se les atribuye a los "grandes" maestros de la literatura, pero les aseguro, no es tan así. El objetivo de todo arte y en especial de la literatura, es comunicar, es dialogar, transmitir. El alto lenguaje al ser empleado por el por ciento más bajo de la población, supongamos, solo supongamos, que un diez por ciento, limita nuestra comunicación con muy pocas personas. Dejamos fuera –supuestamente– al noventa por ciento. Esa es la gran desventaja de este nivel del lenguaje. Ello no significa que debes rechazarlo. Entiéndase que finalmente es aquí donde se reconocen y hasta legitiman a palabras como Papichulo, que provienen de niveles "inferiores".

Por ello insistimos que el lenguaje natural o medio, es nuestro principal aliado. Pero el gran arte a este nivel, está en la capacidad o valor agregando que un buen escritor ofrece al lenguaje: La mímesis. Esta cualidad que le aplicamos a nuestro lenguaje para escribir, se consigue con tiempo y práctica y consiste en confundirse con el medio. Traducido a nuestro tema significa que tanto el lenguaje bajo como el medio pueden parecer propios de un alto nivel. Vean este ejemplo:

1.   Él, bravo, le metió una patada en la barriga.

2.   Él, molesto, le golpeó en el estómago.

3.   Él, furioso, le acertó un golpe en el vientre.

Encontramos en el primer caso un lenguaje posiblemente bajo, luego vamos en ascenso. Pero la verdad es que todos son el mismo con la virtud de la mímesis. En primer lugar, porque transmiten la misma idea, aunque diferente información. Segundo, porque gramaticalmente mantenemos la misma sintaxis. Tercero, pues solo sustituimos palabras: Molesto por ofuscado; metió por propinó; barriga por abdomen o vientre.

Cerrando: Un buen narrador, sabe aprovechar y transformar lo simple en complejo, sin complejizarlo. Es justo lo que hicimos, transformamos lo que parecía simple, vulgar, bajo, en algo superior, pero en definitivas, seguimos en presencia de un recurso simple.

Ahí, está el arte: Cualquiera pensaría que nuestro lenguaje es complejo cuando en realidad, solo hemos manipulado un tanto las palabras para dar esa sensación, esa idea, esa imagen de complejidad.

¿Cuáles son las herramientas del escritor?

Como en todo oficio, en este de escribir y escribir dignamente, se precisa de herramientas que nos faciliten el trabajo. Cada una de ellas, ponen a prueba nuestra capacidad de superación, porque suponen una habilidad más, sin la cual el ejercicio de la escritura creativa se tornaría, más que engorroso, imposible.

Algunas de estas herramientas te podrán resultar obvias, pero recordarlas o enunciarlas, no son una redundancia. Merecen la pena subrayarlas.

Comencemos por las herramientas físicas. La primera es el Espacio Personal. Partimos de crear un sitio dentro de nuestra casa fundamentalmente o en algún otro espacio donde nos sintamos cómodos, como era el caso de la autora de Harry Potter, que pasaba horas en un café, escribiendo su famosa saga. Lo importante es acomodarnos, incluso aislarnos, donde nadie interrumpa nuestro proceso creativo. ¡Créanme! No ser molestados, evita la pérdida de buenas ideas. Yo, en lo personal cuelgo un cartel en mi área de trabajo que anuncia: Me fui a la luna, estoy escribiendo.

La segunda herramienta física es con qué escribir. Disponemos de muchas opciones, desde la computadora con sus procesadores de texto inteligente, pasando por esa reliquia en que el tiempo ha convertido a la máquina de escribir, hasta el clásico, lápiz y papel. Incluso hasta en un teléfono inteligente o Tablet, como es mi caso, que comencé a escribir esta guía en una tableta electrónica. Todos estos recursos, nos facilitan la escritura y lo más importante, preservan las ideas, las creaciones, los hallazgos de la literatura.

Ningún escritor, excepto el primero de todos, ha prescindido de otros textos, incluso de otros géneros y literaturas, para ofrecer una superior. De ahí que los libros de consultas, léase: enciclopedias, diccionarios, obras de la literatura universal, etc. todos, son una herramienta invaluable que nos permite desde, dominar técnicas narrativas, hasta elevar el nivel de nuestro lenguaje. No te sientas menos escritor que nadie por asesorarte con un libro de otro autor, siéntete mal cuando lo plagies.

Internet es la otra herramienta física. Desde

luego que debemos ser preclaros al usar las informaciones que nos ofrece, pero una de las ventajas de la red de redes, es justamente la variedad y cantidad de fuentes que nos pueden aportar un mismo dato. Simplemente debes comparar, atar cabos y sacar conclusiones.

Por último, una buena libreta o cuaderno de notas, es siempre útil. Para los que ya crean y para los que lo harán en el futuro próximo, descubrirán que todo literato y artista en general, sufre y goza de lo que yo suelo llamar: antojos creativos. Sucede que vas por la calle, en el transporte público, estas en la oficina, compartes en un bar con los amigos, vas a una sesión de masajes e incluso cuando duermes, y justo en cualquiera de esos instantes, que créanme, son únicos, surge una idea, una luz, una voz, un nombre, un título, un personaje, un episodio, una historia, y es en ese mismo momento que tienes la obligación de anotar, de lo contrario, si no posees una súper memoria, esa gran idea desaparecerá. Es muy frustrante y triste cuando se pierden las ideas. Se suele decir: no le pidas peras al olmo, pues yo escribiría, no le pidas dos veces, la misma idea a tu mente. Quizás encuentres algunos rastros de ella, pero nunca será tan perfecta como al principio y para eso existe el salvavidas de la creación: el cuaderno de notas. Un consejo, siempre lleva contigo al menos, un papel y un lápiz o instala en tu dispositivo móvil alguna aplicación de notas rápidas ¡Te acordarás de mí!

Con estas herramientas físicas, tenemos el punto de partida de la obra maestra que escribirás, pero no es suficiente, necesitas lo más importante de una obra literaria que es su texto y su historia, y en este particular, debes dominar las Herramientas Técnicas.

Tendremos a nuestra disposición dos grandes grupos de herramientas técnicas. Primero la familia de los recursos narrativos que nos ofrece en primera instancia: El Tema. Para escribir lo primero que debes tener en claro es sobre qué escribir, aun cuando lo medites en el momento en que te dispones a hacerlo, pero sin un tema no habrá historia. Pero el tema no es simplemente el qué, el tema también es el mensaje que quieres enviar y no necesariamente lo harás de forma explícita. Generalmente se hace de forma subliminal, buscando convencer y no someter al lector, para que él tenga la soberanía de tonar partido. El tema es básicamente la guía de tu historia, te indica de qué hablarás y cuál es el centro de diana donde dirigirás la saeta de tu historia. Cualquier tema puede servirte, solo debes saber aderezarlo para que se transforme en un gran tema. También puedes volver sobre un tema ya tratado, pero mostrar un ángulo distinto e igualmente estarás ante un valioso tema.

El Argumento será nuestra segunda herramienta. Se trata del contenido propio de la historia a ser contada. Un argumento cuenta de principio a fin qué sucede, sin detenerse en grandes descripciones, sin hacer pausas para diálogos entre personajes, mucho menos para recrear escenas. Todo lo que un buen argumento debe tener, es la narración coherente de los sucesos.

El Narrador, es la tercera herramienta. El narrador es quien narra, sin él sería imposible contar historias, no importa el tipo, siempre habrá narradores que nos cuenten los hechos. Debes configurar un narrador a la medida de tu historia, claro que más adelante tendrás todo lo que se necesita para construir un buen narrador.

El Tiempo también está presente en la literatura, existen dos tiempos implícitos en la escritura: El externo y el interno. El externo nos remite al tiempo gramatical en que narraremos, es decir, presente, pretérito o futuro. En tanto, el tiempo interno se refiere al tiempo cronológico en el que transcurren los hechos de la historia que narramos.

El Espacio, que también se divide en interno y externo, compone el grupo de recursos narrativos de las herramientas técnicas. El espacio interno, nos habla del sitio geográfico donde ocurre la acción, la historia. El espacio externo, se refiere a la persona gramatical que nos narra: primera, segunda o tercera persona, claro, siempre o casi siempre, del singular.

No puede olvidarse que en toda historia tiene que estar en los primeros lugares, El Personaje. Dominar esta herramienta nos abre la posibilidad de representar lo más fidedignamente posible al ser humano, que es en definitivas el objeto y sujeto de nuestra obra. ¿Cómo se construyen personajes?

La respuesta está más adelante.

La Estructura, padece de la división interna y externa de los anteriores recursos. La estructura interna se vincula a la estructura interna del relato. La estructura clásica o aristotélica del relato, es la primera que estudiaremos y de ella se derivan variantes que tienen como propósito lograr un atractivo mayor.

La estructura externa, en tanto, aborda la construcción de nuestras obras, es decir si escribiremos una novela en capítulos, un cuento, un minicuento, etc. y la forma gráfica de materializarlo.

Dentro de esta importante familia, el último miembro se denomina: Formas del discurso. Comprenderás en este acápite las alternativas que ofrece la narrativa para narrar, para discursar.

El dominio de estas herramientas ofrece resultados precisos en materia de comunicar, que es en definitivas lo que hacemos cuando escribimos.

Entremos ahora en la familia de la belleza, la familia que aporta el arte, los detalles para convertir un texto ordinario en una obra de arte: Los Recursos Estilísticos.

Lo primero que esta herramienta nos garantiza, es La Claridad. El lector debe ser capaz de obtener de nuestro texto toda la información que precisa y sin un lenguaje, una sintaxis limpia, clara, sin trampas ni escondrijos, no podremos lograrlo. Ten en cuenta que lo que más necesitas es comunicar, transmitir tus ideas, pero si lo enredas para aparentar capacidades o demostrar conocimientos, no logras nada.

La Naturalidad, compone un estilo de calidad. Ser natural implica mostrar nuestra idiosincrasia, nuestros valores y cultura, mimetizado con la universalidad, con aquello que todos los humanos compartimos sin importar quienes seamos ni de donde procedemos.

La Visibilidad. Fundamental que mostremos en vez de explicar. La visibilidad como recurso estilístico permite una interpretación a partir de la presentación, en apariencia, simple de los sucesos, mientras que explicarlos, limita la valoración de los lectores y mutila la polisemia de nuestra obra.

El Ritmo Discursivo, es otro de los valores del estilo y es comparable con la respiración. Es aquella cadencia que abre el camino de la lectura grata, y ofrece al lector una experiencia de disfrute, donde no se corre el riesgo de atropellos. Así mismo permite la consecución coherente y lógica de los hechos narrados.

La Voz o Tono del narrador, imprescindible para el estilo, indica por directo al nivel en que se sitúa nuestro narrador: Alto, Bajo o Medio. Cada uno de estos niveles, dependerá de la elaboración en los vocablos, las frases e ideas, reflexiones, interpretaciones y temáticas abordadas.

Esta familia cierra con un elemento del estilo básico: La Empatía. Ser empático significa poder situarnos en el lugar de los demás, identificarnos, tanto con alguien, que podemos sufrir o alegrarnos a la par que ellos cuando vive alguno de estos estados. En literatura lograr la empatía del lector no solo con los personajes, sino además con la historia en general, es imprescindible para que nuestra obra trascienda y sin importar en qué época nos lean, los lectores continúen identificados con nuestros textos. Conocerás en su momento la conocida fórmula de la empatía, que te permite lograr este valor estilístico de manera sencilla y efectiva.

Ahora, centrémonos en las Herramientas Temáticas. Son solo dos, representantes de sendos universos que conforman la vida de todo ser humano. Primero el Mundo Interior, que se compone de toda nuestra subjetividad: la mente, los pensamientos, el carácter, la personalidad, la psicología que nos caracteriza. El mundo interior habla de esas preocupaciones internas de los hombres, de sus dudas, temores, frustraciones, deseos, añoranzas, planes.

El otro campo es el llamado Mundo Exterior y nos remite al medio, el mundo que nos rodea y la interacción del hombre con él y con el resto de los hombres. Cuando hablamos de la vida en sociedad, de los obstáculos naturales, de la supervivencia, de las desgracias colectivas, de los logros comunes, ese es el mundo exterior, que resulta muy atractivo y quizás, el más explotado dentro de la literatura.

Agreguemos un último grupo, las Herramientas Secretas. Comienza el Trabajo. Si quieres ser primero escritor, luego un escritor digno y después un gran escritor, el camino está en trabajar la escritura: Escribir, Escribir y Escribir. La práctica es la única manera de ser mejor en este oficio, en que dómines las herramientas y formes las habilidades.

La otra herramienta secreta es nuestro Cerebro. Somos hombres y mujeres de pensamiento, así suele decir Felo, mi maestro. Un llamado de atención para ubicarnos en que debemos quemar algo más de neuronas que la media de las personas y no un tiempo limitado, sino todo el tiempo. El disfraz de escritores, llega a convertirse en nuestra piel y por ella respondemos.

Estimular la creatividad, la imaginación, la inteligencia, depende de alimentar nuestro cerebro, que se divide en dos hemisferios. En el derecho, el que utilizamos los hombres, se forma la capacidad de razonar con ambos, pues se concentra el poder de la imaginación, de la creación, incluso del sexto sentido: la intuición. En el izquierdo que, junto al derecho, utilizan las mujeres, controla el pensamiento racional, el de las ciencias. Depende de que alimentemos ambos hemisferios, el resultado de nuestro trabajo, y leer, estudiar, conocer, intercambiar, sufrir, reír, hacer el amor, reconciliarnos con nuestra pareja, traicionar o ser traicionados, todo eso que compone la vida, necesita el escritor para poder convertirlo en literatura.

Aquí están todas las herramientas para comenzar. Es posible que descubras otras, que inventes nuevas, pero la base está aquí. Dominar las herramientas depende de las habilidades y recalco que solo la práctica, posibilita el que seamos hábiles o no.

Ahí, está el arte: cuando conoces las herramientas y aprendes a usarlas, el resultado será un producto del arte.

¿Qué es el Texto Dramático Narrativo de Ficción?

Es posible que este concepto nunca lo hayas escuchado. A mí me pareció a primer encuentro una patraña de los académicos, en su obcecada manía de teorizar y teorizar sobre los mismos temas. Pero ¡Surprise! Es un concepto, hijo de los creadores de ficción, es decir, nosotros. Sin dilatar más, definamos que: Es toda composición literaria representable, que narra una historia verosímil, por medio de personajes y acciones dramáticas.

Te propongo descomponer este todo en sus partes y entender con exactitud, que significa T.D.N.F.

Comencemos por la palabra Texto: Composición literaria, con una idea central que transmite un mensaje.

Lo ves, nos es tan complejo como parece. Con los textos trabajamos los escritores, de ficción o no. Es la materia prima de nuestras futuras obras y se componen de palabras, vocablos, frases, ideas, metáforas, signos de puntuación, etc. Cualquier persona alfabetizada, puede construir un texto, incluso los analfabetos lo hacen, pero de manera oral y con muchos errores, eso sí, pero no les resulta imposible. A ustedes les será más fácil, sin dudas.

Avanzamos: La palabra Dramático se deriva del vocablo Drama –ojo, no es sinónimo exclusivo de tragedia como muchos creen, o belicosidad– drama significa acción o toda composición literaria representable, que trata sobre un suceso interesante o conmovedor de la vida real. Es decir que todo texto con las características propias de una obra que pueda ser representada en escena por actores, interpretando personajes vinculados entre sí por acciones propias de hechos relevantes y conmovedores, es un drama.

La tragedia si es un drama, es de hecho un género dramático, pero no es el único, también están incluidos en este paquete, la comedia, la tragicomedia, el melodrama, la farsa, la pieza y la obra didáctica. En el momento oportuno de esta guía, abordaremos el tema. Aclarado el escoyo, continuemos.

Existe un arte específico que sustenta la creación en este campo. Es per se un arte dentro de otro arte, es decir dentro de la literatura, pero con particularidades que permite a los autores de dramas; crear, componer, escenificar y representar sus composiciones. Este arte se hace llamar, Dramaturgia, ergo, sus cultores son Dramaturgos.

Por mucho tiempo la dramaturgia estuvo separada de la literatura y se relacionaba exclusivamente al teatro. La génesis de la dramaturgia, parte desde el surgimiento propio del teatro, algo así como los siameses del drama, que se precisan, el uno del otro. En la actualidad, la naturaleza de la dramaturgia se ha manifestado en su totalidad, dejando ver que las obras dramáticas son también literarias, incluso narrativas. Si vamos a un guion de teatro, nos encontramos con la narración de sucesos, generalmente acontecidos en un mismo espacio físico, con pocos personajes, relacionados por acciones dramáticas y con todas las especificidades necesarias para ser interpretadas en un escenario. Sobre esta misma línea habremos de coincidir, si miramos a otros medios, como la televisión o el cine. En los guiones de dramatizados queda explicito el carácter narrativo y dramático de las historias o composiciones que los sustentan. Incluso en la radio, amén de su compleja estructura técnica, podemos encontrar una obra literaria y representable.

A posteriori, sentencio que Dramaturgia, es el arte de atraer y mantener la atención del público, entiéndase, lectores, espectadores, televidentes, cinéfilos y radioyentes.

Podríamos resumir entonces, que Dramático es el carácter de toda obra literaria representable. En la actualidad se ha concertado la unión del drama y la narración, para ofrecer piezas artísticas que con este volar agregado y otros, le conocemos como literatura contemporánea.

Narrar, es contar lo sucedido. ¿No es en definitivas el objetivo de la literatura, cumplir esta función? Te imagino asintiendo con la cabeza. Algunos tienen la oportunidad de ver los acontecimientos, otros no, para esos la forma de conocerlos está en la literatura; el texto es el vehículo para contarles la historia. Esa forma se denomina: Narración, es decir, la parte del discurso que se refiere a lo sucedido. Entenderás de antemano que narrativo es el carácter de la obra que se remite a contar lo sucedido.

Solo resta una palabra clave, la llave y cerradura de todo el concepto que analizamos: la siempre imprescindible Ficción. ¿Qué es la ficción? Primero entendamos su naturaleza.

La madre de la ficción se hace llamar Verosimilitud; lo que se parece a la realidad. Lo que resulta creíble sin ser necesariamente, verdad. Vale la pena subrayar la frase: lo que se parece (…). Adviértase que lo que nuestros textos relatarán, nunca será fruto de la realidad, de lo contrario no escribiríamos ficción. La realidad es solo una referencia para la ficción, que transforma las invenciones del escritor en hechos creíbles, tanto que en ocasiones parecen de la realidad, pero insisto, no lo son, nunca lo son.

¿Y si la historia que deseamos narrar es relativa a un hecho de la vida real? ¿También es pura ficción y no realidad? Pues no te asombres si mi respuesta es positiva. Imagina que contaremos a los lectores la vida de Josefina de Beauharnais y Napoleón Bonaparte. Ni aunque fuéramos uno de los historiadores o testigos más cercanos de la pareja, jamás podríamos relatar con exactitud milimétrica, lo que conversaban, qué hacían en la intimidad, cómo pensaban. La capacidad para hacer ficción real, si se le puede llamar así, sería de Dios, el todopoderoso, omnisciente y omnipresente. A nosotros los escritores, que estamos a tan solo un escalón por debajo del Creador, nos queda conformarnos con la verosimilitud.

Si bien transformar realidades en hechos creíbles para la literatura es un punto importante para crear, existe un presupuesto, una base para todo texto de ficción, del que no podemos prescindir y qué inconscientemente, hacemos uso de él. Le denominan Pacto Ficcional; se trata de una suerte de contrato no escrito, implícito en la relación que se establece entre el lector y una obra dramático-narrativa de ficción. Según me contaba mi maestro, Felo, en aquél contrató se estipulaba la siguiente clausula: El autor le dice al lector: "te voy a contar una mentira como si fuera verdad" a lo que responde el lector "Yo sé que tu historia es mentira, pero la leeré como si fuese verdad". Parece un diálogo chistoso, ¿no? Sí, yo fui uno de los ingenuos de mi clase de escritores, que se reía disimuladamente, pero luego cuando mi maestro nos argumentó aquel presunto chiste, no volví a reírme. Bueno, al menos no de ese tema.

Lo cierto es que hay en un segundo plano o paralelo al libro, su texto y la historia que narra a los lectores, una serie de fuerzas psicológicas, espirituales, ideo-estéticas y hasta físicas, que actúan y permiten la operatividad de este arte. Como mismo las ondas transmiten el sonido de las cuerdas de un violín o impacto armónico de las baquetas sobre las pailas, así mismo, la literatura de ficción necesita de este convenio inusitado, subrepticio, que actúa a niveles del subconsciente, e incluso a larga distancia, entre escritores y lectores.

Es el Pacto Ficcional quien permite que aun cuando sabemos que en la vida real este relato no ha ocurrido, que los personajes no están sufriendo o padeciendo los hechos conmovedores del mismo, nosotros somos capaces de conectar emocional y sentimentalmente con ellos y su historia, al punto de llorar, sufrir, temer, alegrarnos, suspirar, enamorarnos, todo por culpa exclusiva de ese contrato invisible al que nos sometemos rubricar, seducido por una buena o digna obra de ficción.

Pero la ficción tiene un límite para convencernos. No dispone de la vida entera para hacernos firmar el Pacto Ficcional y leernos todo cuanto cuenta hasta el punto culminante del libro. Según van pasando los años, los siglos, y la sociedad evoluciona, el tiempo del que disponen las obras dramático-narrativas de ficción para convencer a su público, merma. Ese tiempo es conocido por el nombre de Tiempo de Gracia y es el tiempo de atención voluntaria que ofrece el lector a la obra para convencerse de que vale la pena leerla. Más claro: si en las primeras páginas de nuestro texto el lector cree que se aburrirá, cierra el libro y nunca más lo lee. Y se preguntarán entonces qué hacemos, de cuánto tiempo disponemos. El qué hacer, es precisamente uno de los objetivos de este libro, y en lo adelante cada una de nuestras interrogantes estarán abocadas a responderte. Quiere decir que todas nuestras clases te darán los recursos para lograr que tus lectores crean en la propuesta que le haces y en especial, no se aburran. Créeme, esos recursos no solo dependen de una historia intrigante o llenas de tiros y muertes, hay muchos secretos más. En relación a cuánto tiempo nos regalan los lectores para convencerlos, es muy sencillo, tomen un libro que nunca hayan leído, lean las primeras cinco páginas y luego si vuelven por él o no, ahí tendrán la respuesta.

En la antigüedad la literatura era uno de los grandes medios de entretenimiento, socialización y conocimiento, las personas invertían mucho tiempo en leer, entre otras cosas porque no les quedaba más remedio, imagínese en medio de la Siberia rusa en el siglo XIX sin una buena novela de Fiódor Dostoievski o Antón Chejov. Sería lo más aburrido del mundo, ¿verdad? Pues estas personas tenían prácticamente toda la vida para leer, ergo, el Tiempo de Gracia era más de lo que cualquier escritor necesitaría para convencer a su público. Es decir, que un individuo podía leer más de cien páginas aburridas y, aun así, seguir esperando el momento en que, al fin, la novela enrumbara hacia un camino acertado. Ojo, no quiero decir que las novelas de

Dostoievski y Chejov, fueran de ese tipo. Concluyendo, en aquel siglo, cien páginas de una novela, o tal vez más, eran leídas sin correr el riesgo de perder la atención voluntaria del lector, a medida que el tiempo pasó, aumentaron los medios de entretenimiento y diversión, creció el acceso al conocimiento y se conquistaron derechos y libertades, el Tiempo de Gracia de las obras dramático-narrativas, disminuyó. Hoy en día, solo disponemos de las primeras cinco a diez páginas iniciales, incluso menos. Si en ese período breve, no atraemos la atención o interés del lector, hemos perdido la batalla contra el Dios Crono.

Por último y no menos importante en esta compleja radiografía de la ficción que hemos develado, debemos hacer mención a la Polisemia. Este término vine de Poli, que significa muchos, múltiple y Semia, equivalente a sentido, es decir multiplicidad de sentidos. Este es el resultado de las buenas obras de ficción, que tendrán tantas interpretaciones como lectores la lean. Las obras polisémicas alcanzan los más altos niveles de calidad y consideración, precisamente porque cada vez que nos encontramos con ella, nos dicen algo distinto, pero al mismo tiempo, nos cuentan la historia de siempre. También, para abrir el espectro de la polisemia de nuestras obras, existen recursos que en estas páginas podemos enunciar y estudiarlas, pero en definitivas lo que sí es básico es ponerlas en práctica.

Ahí está el arte: Narrar y dramatizar, allana el camino a obras atractivas, creíbles, de calidad y polisémicas; Las cualidades de las grandes obras de la literatura universal.

¿Cuáles son los géneros dramáticos-narrativos de ficción?

Habíamos llegado al acuerdo que el Texto Dramático Narrativo de Ficción era toda composición literaria representable, que narra una historia, por medio de personajes y acciones dramáticas. Ahora razonemos y determinemos juntos cuáles son los géneros en los que se clasifican estos textos.

Creo importante partir de la visión que tenemos de género; se trata de un conjunto de cosas o individuos que comparten un rasgo o condición. Esta es la acepción del término que aplica al tema de hoy. Significa que los T.D.N.F se organizan en especie de familias que los caracterizan y los constituye en un ente reconocible cuando responden al nombre familiar o de género.

Desde luego cuando hablamos de narrativa, dramaturgia y ficción, entonces ya nos referimos a una gran familia, que agrupa a los siguientes géneros:

1. La Novela

2. El Cuento

3. La Noveleta

4. El minicuento (nanocuento, microcuento, relato hiperbreve o brevísimo, minificción, microficción, microrelato, etc.)

5. El Relato

6. El Testimonio

7. La Crónica

8. Guion Teatral (dramatizados)

9. Guion Cinematográfico (dramatizados)

10.   Guion Radial (dramatizados)

Desde luego este género es producto de una evolución de siglos que ha transformado a la literatura. El primero en plantearse una clasificación de las obras literarias, fue el Súper Clásico de Aristóteles. Sí, el griego ya se preguntaba qué había de común entre las distintas propuestas literarias que en la antigua sociedad se ofrecían al público. Ni siquiera sus propios cultores se preocupaban por clasificarlas, pero él, sí, se empeñó y ahí aparecieron los tres géneros clásicos: El Épico, El Lírico y El Dramático. Las tres grandes familias de la literatura.

El género épico, básicamente es lo que hoy conocemos como género narrativo y sí, era pura narrativa, con ausencia total o presencia muy somera, casi exigua de drama y es tambión la génesis de la narración oral, teniendo en cuenta que las primeras obras narrativas eran orales. Aquí se afiliaron la Novela y el Cuento, fundamentalmente, siendo este último el subgénero más cultivado en aquel entonces y hoy en día ese peso ha recaído sobre la novela.

También pertenecían a este grupo la Épica que hacía referencias a grandes hazañas de héroes reales o imaginarios, es curioso que estas obras eran escritas en versos generalmente, conocidos como poemas épicos que buscaban exaltar y homenajear a los pueblos de la época.

Otro de los subgéneros era la Epopeya; igualmente escritos en versos, pero también en prosa, relataban hechos trascendentales de un pueblo o sociedad, donde la figura central era un héroe de cualidades, en muchas ocasiones, sobrenaturales, tal es el caso de la Ilíada o La Odisea.

Y la olvidada Fábula era otro de los subgéneros de la épica. La fábula es una historia donde sus personajes casi siempre son animales humanizados y en cuyos relatos se tiende a generar un sentimiento basado en enseñanzas, lo que implica cierta mezcla entre lo narrativo y lo didáctico, toda vez que las fábulas siempre van acompañadas de un apéndice: La Moraleja.

Si miramos a la casa vecina de la Lírica, encontraremos inquilinos tan familiares como: La Oda, el Himno, la Anacreóntica, Epitalamio o el Peán, todos, parte de la lírica coral griega. En su conjunto son versos cantados que expresan distintas emociones y con diversos objetivos, por ejemplo, La Anacreóntica se dedicaba a cantarle a los placeres como el sexo, el vino, etc. Y debe su nombre al poeta Anacreonte. Claro, imaginarás cuál es la nacionalidad del poeta, ¿no? Es destacable El Epitalamio, un canto para las bodas, generalmente se hacía frente a la habitación de los novios, en su noche de nupcias. Y así podemos continuar, con el Peán, que se cantaba al Dios Apolo para pedir sanación, como ocurre en La Ilíada.

La Canción es otro subgénero lírico y no les sorprenderá, pues que es en definitivas una canción, sino un poema harto emocional, en ocasiones cursi. Es cierto, hoy en día ya no parece tan así, pero en la actualidad ¿cuántas cosa que debería ser, son lo que son y punto?

La Elegía, aquellos poemas meditativos, reflexivos y hasta melancólicos, que a los Emos de esas tribus urbanas que se la pasan en los parques de las ciudades de hoy, le habría encantado.

La Égloga, lo llamados poemas bucólicos, resulta un subgénero propio de paisajes paradisíacos y campestres, de hecho, sus personajes son campesinos y dejan un cierto sabor a monólogo.

La Sátira también se incluye aquí, es desde luego más conocida y muy empleada, cierto es que a este individuo de la lírica se le puede sacar muchísimo provecho. A pesar de haber variado en la actualidad, en los tiempos de Aristóteles, era un poema mordaz.

El Epigrama, que varias veces me movió el piso teórico en el que me sostenía, es un poema muy breve, mordaz, satírico, conciso y también festivo que se expresa de manera ingeniosa.

Cierro con el Romance, un poema propio de la narración oral, aunque no es lo mismo, estos poemas emplean la combinación métrica homónima; es decir una serie indefinida de versos octosílabos, en la que los pares presentan rimas asonantes y los impares quedan sueltos. Es una tradición llegada desde España y la península ibérica en general y trasladada a Latinoamérica.

La tercera familia y no menos importante es la Dramática, esa que siempre se separó de la narrativa y hoy se mezclan como blancos y negros, mutando a una suerte de mestizaje literario. Aquí conviven la Tragedia, El melodrama, La Comedia, La Farsa, La Pieza, La tragicomedia y la Obra Didáctica. No me detengo a explicarles estos géneros, porque más adelante nos aplicaremos en ellos, cuando surjan interrogantes sobre la dramaturgia.

Algo si debe quedarte claro, en la actualidad, ya son indefinibles las fronteras entre las tres familias, en especial entre la narrativa y la dramática, es por ello, que hablamos de Dramático-Narrativo, ese sería el mejor nombre que podríamos dar en este momento a esa gran familia que ha resultado del matrimonio entre ambos. La literatura ha evolucionado en función de promover nuevas maneras de hacer y pensar las letras y para bien ha dado al traste con lo que denominados T.D.N.F.

Ahí está el arte; no dejarse enmarcar por clasificaciones, nunca limitar nuestra creación a códigos. Tú déjate llevar por la creación, alguien se encargará de clasificarlo. En el supuesto que no tenga cabida en alguno de los géneros, pero logra conmover a sus lectores, estará abriendo una nueva página de gloria en la historia de la literatura universal.

¿Qué es un cuento?

Sin preámbulos, cómo mismo es El Cuento: el relato de un solo hecho de indudable importancia. Su importancia es relativa pero indudable y siempre narra dos historias.

A mera vista saltan las contradicciones, pero, Keep Calm, mantener la calma es sensato en estos instantes. Siempre separar o dividir no es destructivo, como dice la famosa frase, también es instructivo y a eso vamos.

Primera contradicción en apariencia: El relato de un solo hecho… siempre narra dos historias.

El cuento no admite digresiones. Decía Juan Bosch, el Escritor y Presidente de República Dominicana, que el cuento era una flecha. Mantiene un curso estricto, por ello solo cuenta una historia, generalmente de un personaje. Aquí nunca emergerán historias secundarias, solo aparece un hecho en el tiempo, que puede involucrar a varios personajes. Ojo, ello no significa que dentro de ese hecho acontezcan varias acciones. Pongamos un ejemplo de la literatura infantil: Caperucita roja.

En este cuento se narra cómo una niña para

visitar a su abuela enferma, decide tomar un atajo, se encuentra con un lobo, que, aprovechando la
ventaja, corre a la casa de la anciana, la secuestra
y le usurpa la identidad para engañar a la inocente
Caperucita. Todo con un objetivo, comérsela. Finalmente, la niña descubre el engaño y logra salvarse
por la ayuda del leñador que oportunamente, yo diría que sospechosamente oportuna, llega para resolver el conflicto. Como de costumbre el cuento
termina con el clásico "Colorín colorado", antecedi-
do por una moraleja.

Muy bien, pues ¿cuál es el hecho de este
cuento? Un lobo que intenta comerse a una niña.
Ese es el hecho, lo demás son acciones que integran ese hecho, yo diría que el resto es el soporte
a la historia. Para que el lobo se coma o intente
comerse a la niña, debía esperar a que saliera de
casa, esa oportunidad se ofrece con motivo de la
enfermedad de la abuela y el error de la niña de tomar un atajo peligroso. Pero como ven aquí solo se
cuenta un solo hecho. Si no estuviéramos frente a
un cuento, contaríamos la historia de la caperucita,
de la madre de la caperucita, de la abuela, del le-

ñador y hasta del mismísimo lobo, pero tal como lo indica el género, el cuento solo se remite a un momento en la vida de este personaje y ese momento es sin dudas, el día que debe ir a cuidar a la abuela.

Ahora, por qué si hablamos que el cuento se limita a un hecho, luego planteamos que (…) siempre narra dos historias. Porque por debajo de esa historia superficial, visible, de la que hablamos, ese hecho donde se narra cómo el Lobo intenta comerse a la Caperucita, también opera otra historia, las llamadas Historias secundarias o subterráneas: Es el mensaje, ese que transmite una enseñanza a los lectores.

Aplicándolo al caso en cuestión, te pregunto: ¿cuál es el mensaje de esta historia? Pueden ser muchos, pero el más evidente es sin dudas, qué no debemos asumir la posibilidad más fácil para resolver nuestros problemas. Caperucita para resolver su dificultad de llegar a donde la abuela, decide tomar un atajo que resulta más peligroso, que el camino largo. Esa era en definitivas la moraleja del cuento, existen, estoy seguro, muchas moralejas más, pero el objetivo es que notes que ese mensaje o moraleja, es la segunda historia de la que hablamos.

Concretando: El hecho de este cuento, es el pasaje donde Caperucita casi muere en el estómago del lobo, la segunda historia, es nunca cambiar camino por vereda.

Digo más, sin la segunda historia, el cuento sería una simple anécdota, es la historia subterránea, la que confiere el carácter de arte a las obras literarias. Sin ella no se podría incluir a los escritores dentro del universo de las artes.

Segunda contradicción aparente: indudable importancia… su importancia es relativa pero indudable.

Parece un trabalenguas, sí, los que traban lenguas o las destraban, pero tiene sentido.

Para que una historia merezca la pena ser contada, debe revestir una importancia que motive a los demás leerla. Si algo resulta ordinario, al punto de no mover el interés del lector no cabe dentro de la literatura. Por ejemplo, yo decido contar la historia de una taza de porcelana; cómo fue confeccionada, el material que la compone y sus detalles.

Coincidirán conmigo que nadie leerá ese cuento, ahora si en mi cuento digo que esa taza tiene la propiedad de curar cualquier enfermedad a aquel que beba algún mejunje o bebida en ella, entonces los lectores comienzan a interesarse. Agreguemos algo más, la taza cae al suelo y se rompe un mal día, justo antes de llegar a las manos de un niño que sufre una enfermedad terminal… No hay dudas, este cuento es mucho más llamativo que el anterior, por tanto, es un hecho de importancia, tanto que resulta indudable.

Sin embargo, si el género temático del cuento no es del agrado de quién lo lee, la importancia del cuento cae en la relatividad, por una consecuencia del gusto del lector. Si mi cuento de la taza es parte de una historia policiaca -digamos que la taza es robada y se investiga su desaparición- y a mí como lector no me gustan los policiacos, la importancia de esa historia es relativa, sin embargo, para aquellos que sí les guste el género, reconocerán la importancia del cuento, le atribuirán el carácter de indudable a la importancia de esa historia y la leerán con agrado.

En ello radica la relatividad o no en la importancia del cuento. Comprender esta definición que asumimos los creadores, es vital en el momento en que nos rete la idea de escribir un cuento. Insisto en su definición: El relato de un solo hecho de indudable importancia. Su importancia puede ser relativa, pero es indudable y siempre narra dos historias. Definición que nos legara el capitolesco cuentista Juan Bosch.

Memorízalo y aplícalo, verás de inmediato los resultados. Yo te invito a someter tus cuentos a un experimento, se les llaman las Cinco Preguntas Básicas del Relato:

¿Quién? (Personajes)

¿Dónde? (Espacio)

¿Cuándo? (Tiempo)

¿Cómo? (Argumento)

¿Por Qué? (Tema)

Si su cuento responde con claridad a estas preguntas, puede estar convencido que al menos ha escrito un cuento digno de ser leído.

Ahí está el arte, el Cuento es del pastel una tajada, pero la primera de ellas, la que todos desean.

¿Cuál es la estructura interna del relato?

Existe una base sobre la que crecen los músculos de las historias y en especial del cuento, que nos atañe en estas conferencias. Se le conoce como estructura interna del relato, léase relato como un término genérico para nombrar a todas las obras literarias que narran hechos. Eso sí, existe otra acepción de Relato, como género literario, específicamente, narrativo, que implica; la narración de uno o más hechos sin una línea argumental precisa y que puede carecer del punto de tensión o clímax, como en los cuentos.

Qué es la estructura interna del relato, pues el esqueleto, el sostén, la columna vertebral de los textos dramáticos-narrativos de ficción. ¿Su primer teorizador fue…? El griego… Aristóteles. De hecho, la primera estructura que vamos a estudiar y que él planteó, se le conoce como: Estructura Clásica o Aristotélica.

Estructura Clásica o Aristotélica

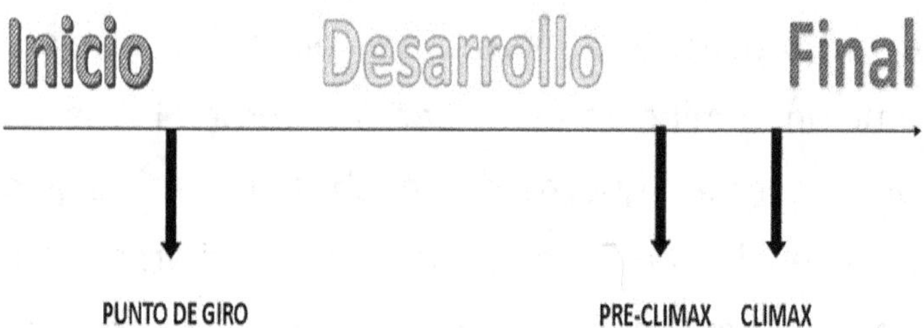

Según El Griego, toda pieza se compone de tres momentos importantes: La Introducción, donde se exponen y presentan a los personajes, se sitúa en contexto a los lectores y se abre la historia. Es por lo general un momento breve y hasta descriptivo, de pocas acciones, lo que prepara el terreno para plantear el conflicto de la obra.

Posteriormente aparece el Punto de Giro; El momento detonante del conflicto, que rompe con la linealidad de la historia y desequilibra la vida de los personajes, es decir, es un punto de inflexión en el relato.

El punto de giro da paso al Desarrollo; donde los personajes se emplean en la resolución del conflicto, mediante acciones que los relacionan a nuevos personajes. Este momento abarca al grueso de la obra por lo que resulta de especial atención e implica alta complejidad.

Cerrando el desarrollo, se alcanza el Pre Clímax; el momento donde hay que resolver el conflicto. Sí o sí, no cabe otra posibilidad, el problema debe desembocar en un desenlace positivo o no, al cual reconocemos con el nombre de Clímax; el punto de mayor tensión, la cumbre de la historia y donde finalmente se resuelve el problema planteado al inicio.

El tercer y último gran momento dentro de la estructura planteada por Aristóteles es el Fin; allí se atan los cabos sueltos de la historia y se resuelven aquellas incógnitas pendientes.

Cuando El Griego hizo estos planteamientos, no acotó los detalles del Punto de Giro, el Pre Clímax o el Clímax, solo las tres divisiones, pero sin dudas sentó las bases para que a posteriori otros estudiosos acordaran que las fronteras entre Introducción, Desarrollo y Conclusiones, fueran estas. Y acertadamente concuerdan todos que esta visión a tras luz, de la osamenta del relato, ha permitido construir a partir de ella otras estructuras, en función de dinamizar y ganar tiempo de gracia. Estructuras que estaremos estudiando, como siempre te prometo, más adelante. Y no te preocupes, que llevo lista de todos los pendientes.

¿Cuáles son los Puntos de Vista del Narrador?

El Narrador es quien cuenta la historia, un ser de palabras que vive en función de narrar lo sucedido. Algunos lo consideran un personaje más, en mi opinión, esa idea es discutible, toda vez que no siempre el narrador se involucra en el relato.

Para construir un buen narrador debemos tener en cuenta varios aspectos. El narrador como los personajes, también debe ser caracterizado, a su manera, claro. De modo que, sin una buena caracterización, este puede fallarnos a lo largo de la historia y despeñarse en la no credibilidad del texto. Si el narrador no es creíble, el resto de la historia por interesante y emotiva que sea, tampoco será creíble.

Lo primero que debemos tener claro de un narrador son los Puntos de Vista; los ángulos desde los cuales se sitúa respecto a la historia.

Existen tres puntos de vista, el primero de ellos es el Temporal; referido al tiempo gramatical en que narra. Según este punto el narrador puede ser de tres maneras distintas: Presente, Pretérito –también conocido como pasado– y Futuro.

Es decir, puedes plantearte narrar en cualquiera de estos tiempos gramaticales y en consecuencia el narrador debe someterse al tiempo elegido. Por tanto y es una recomendación para los que inician, que deben ser los que en su mayoría estén leyendo esta guía, limítate a escribir en un solo tiempo gramatical toda la historia, hasta que luego domines el cambio o Muda de tiempos, habilidad de la que hablaré más adelante.

Generalmente un cuento está narrado en un solo tiempo gramatical, las novelas, son menos obedientes y cambian de tiempos, pero ojo, hay que ser cuidadosos o podemos perder a los lectores. Si nosotros no lo tenemos claro, entonces lo más sensato es mantenernos en una sola línea temporal.

El otro punto de vista es el Espacial; referido a la persona gramatical que asume el narrador. Desde luego señala el espacio donde está el narrador respecto a la obra. Este narrador puede estar dentro o fuera del relato. Dentro caben dos opciones: La Primera y Segunda Persona del Singular.

La Primera Persona –el yo– es lo que en literatura llamamos el Narrador Personaje; se trata de un personaje protagonista o testigo de los hechos, que asume la función de narrador, así que no solo sufre y padece la acción, sino que además se da a la tarea de narrarla. Los académicos lo han catalogado como Narrador Intradiegético, precisamente por estar dentro de la historia y desde allí contarnos en primera persona lo que sucede. Eso sí, ese término de academia que se lo aprendan ellos que lo inventaron, a ti debe bastarte con decir Narrador Personaje. Este narrador tiene una gran ventaja sobre el resto, resulta mucho más creíble porque nos ofrece de primera mano los acontecimientos. Tú a quién le creerías más, ¿al sujeto de los hechos o a un tercero que los ha presenciado? Desde luego que el protagonista cuente su historia es más fuerte a que venga otro que dice haberla visto. Eso sí, igual tenemos una desventaja, ese narrador personaje tiene que estar en todos los sitios y momentos de los hechos narrados o al menos haber tenido conocimiento de ellos por mediación de un tercer personaje altamente confiable.

Un aspecto importante de la Primera Persona es su lenguaje. Cómo el narrador es un personaje, este debe narrar en el nivel propio de su vocabulario. No sería creíble que este personaje narrara como un erudito si es un joven callejero y analfabeto, por ejemplo. Eso sí, algo de estilización tendrá su narración, teniendo en cuenta que nadie habla como escribe, o casi nadie, a veces alguien nos sorprende. Al momento de escribir, siempre prestamos un poco más de atención y echamos a andar lo mejor de nuestro intelecto.

La Segunda Persona –el tú– clasifica dentro de los narradores intradiegéticos de los que hablan los sesudos. Es un narrador que podría ser también un personaje de la historia o no. Este narrador sin dudas es uno de los más escurridizos y controvertidos, pues resulta confusa la identificación de su posición dentro de la historia. Sería un personaje que se cuenta a sí mismo los que él ha vivido, o es un personaje que le narra a otro lo que le aconteció. Sin embargo, es poco creíble que alguien te cuente lo que tú has experimentado. Es la primera opción la más fiable, es decir, que yo me cuente a mí mismo lo que me ocurrió, pero ese narrador sería una segunda persona aparente, porque en realidad no hay un segundo individuo narrando, sería mi conciencia o mi alter ego, el ente que asume la segunda persona, por eso se le conoce como segunda aparente.

En cuanto a la verdadera segunda persona, podríamos encontrar justificantes para que exista, y es el caso de que se tratase de un ser sobrenatural que lo conoce todo, como un Dios o un Espíritu, pero también cabe la variante de que el protagonista de la acción no recuerde los hechos y necesite de ese segundo para recuperar los recuerdos. La manera de emplear esta persona gramatical existe, aunque no fue el punto de vista espacial por excelencia de las grandes obras literarias, en la actualidad vemos una creciente predilección de los escritores por ejercerla.

Como su compañera La Primera Persona, en este punto de vista espacial el lenguaje debe corresponderse a las características del que se expresa, es decir, del personaje aparente o no, que relata.

Entramos a los predios de los Extradiegéticos. Aquí tenemos solo un narrador, el Narrador Externo; aquel que se encuentra fuera de los hechos que narra y cumple su función desde la tercera persona del singular –él o ella– que lo convierte en un ente ajeno a los acontecimientos. Este narrador habla por directo del autor y en la misma línea del escritor, es decir, su lenguaje, amplifica o proyecta la imagen del autor que se supone, poseen un espectro amplio y elaborado del vocabulario, así como un domino de las técnicas de la narración y recursos dramáticos.

Nos resta un último punto de vista, El Nivel de Realidad; referido al plano de la realidad en que opera la historia. Entiéndase como plano de la realidad a Realismo o Fantasía. En literatura existen ambos mundos, como en nuestras mentes. Lo mismo fantaseamos que somos pragmáticos. Desde luego la Fantasía; es todo aquello sobrenatural alejado de la realidad objetiva, esa que se puede comprobar por medio de los sentidos. Generalmente plagada de elementos increíbles, paradisíacos, excitantes e imaginarios. Por el contrario, el Realismo; es la representación más fidedigna de la realidad, pero sin llegar a ser esta, significa que el realismo en literatura se limita a lo que se parece a la verdad o a la realidad, es decir, la Verosimilitud de la que ya hablamos –ven como ya hemos vencido pendientes–. En fin, el realismo repele lo imaginario o sobrenatural, centrándose en lo creíble, lo que todos podemos ver, oler, degustar, escuchar o palpar.

Claro, con la aparición del Realismo Mágico o lo Real Maravilloso, dirán ustedes que los límites entre un plano y el otro, han desaparecido. Todo puede suceder, pero la base para estas mezclas son los planos puros como les acabo de mostrar. En consecuencia, el narrador puede ser realista o fantástico.

Muy bien, ya tenemos a mano los tres puntos de vista, solo debes elegir el correcto para tu historia. Yo te reto a usar esta propuesta: Narrador Personaje en Primera Persona, narra en pretérito en un plano realista. Utiliza este Narrador que propongo en una pequeña historia menor a dos cuartillas, que cumpla las características del cuento. Luego puedes variar estos puntos de vista y probar las distintas alternativas. Ojo, no te compliques con cosas raras, fíjate en los puntos de vista utilizados por los maestros, los grandes, los clásicos de ayer y las vanguardias de hoy. Cuando explotes las posibilidades de esos narradores, entonces lánzate al ruedo de la experimentación, como sería un narrador personaje en segunda persona, narrando en futuro en el plano fantástico, toda una locura, ¿verdad?, pero de eso se trata, de romper lo establecido y conmover hasta los estoicos.

¿Puedo transitar de un Punto de Vista a otro?

Es posible, de hecho, alcanzar la habilidad de emigrar de un punto de vista y otro es considerado como una virtud de escritores prominentes. Y no solo eso, la misma historia en determinadas ocasiones te exige trasladarte a otro ángulo del narrador, son necesidades expresivas inevitables. A estos cambios repentinos y justificados de un punto de vista a otro se le denomina; Muda.

Las mudas asumen como apellidos el nombre del punto de vista al que pertenecen. Por ejemplo, Muda Temporal; cambio del punto de vista temporal presente, al punto de vista temporal pasado o futuro. Cuando giramos la narración de un tiempo gramatical al siguiente, entonces la muda se le llamará Muda Temporal.

Igual ocurre si cambiamos de persona gramatical, entonces estaríamos en presencia de una Muda Espacial. Por supuesto existen Mudas de Nivel de Realidad.

Las más comunes son las mudas espaciales y temporales, en tanto las de nivel de realidad han sido menos explotadas. Esto se debe a que las dos primeras, esta relacionadas con la forma del relato, la última, se vincula estrechamente al contenido. No es lo mismo pasar de una narración en pasado a presente o de primera persona a tercera que alterar el estado de una historia que va por los rieles del realismo y se torne inusitadamente en fantástica.

Ahora, la complejidad de unas u otras no significa que sean imposibles. El caso del cuento "La Noche Boca Arriba" del escritor argentino Julio Cortázar es un excelente ejemplo de muda de nivel de realidad.

En este cuento un joven al salir de un hotel tiene un accidente en motocicleta por querer evitar el choque con una mujer y es trasladado al hospital. Mientras está en la camilla, cada cierto tiempo se queda dormido y sueña que está en la selva de México durante las guerras floridas huyendo de los aztecas que quieren atraparlo para sacrificarle. Luego de varios sueños, en uno de ellos descubre que ya es prisionero y que está a punto de ser sacrificado. En ese momento desea despertar y volver desesperadamente a la sala del hospital. Al final, descubre que el verdadero sueño es el del accidente en motocicleta y el hospital, y que la realidad es en la que va a ser sacrificado en la selva de México por los aztecas. El personaje principal es el joven que sufre un accidente en motocicleta y es trasladado a un hospital. Por otra parte, también es un joven que está a punto de ser asesinado para un sacrificio.

La historia avanza por un mundo completamente realista, todo cuanto acontece es natural, creíble, verosímil, relativo a esa realidad objetiva que puede ser comprobada por los sentidos humanos, hasta los sueños pasan como eso, simples sueños que cualquier ser humano puede experimentar, sin embargo, las historia sufre un giro inesperado cuando el narrador nos anuncia que todo lo que ha ocurrido es parte de un sueño, que la verdad de esta historia es que el personaje ha soñado con el futuro.

Echemos una mirada a otro ejemplo de muda de nivel de realidad. Es la historia del chico que desea aprender a volar. Desde luego nadie le puede enseñar semejante habilidad propia de las aves y ciertos artefactos construidos por el hombre. Pero el chico insiste y busca en todas partes a alguien

que le pueda ayudar a volar, hasta que un buen día
llega a una hacienda donde residen un matrimonio
de ancianos. El hombre al escuchar la pretensión
del chico se niega de inmediato le explica que es
imposible, pero la mujer interrumpe al esposo y le
dice al muchacho que ella sí puede y está dispues-
ta a enseñarle a volar, pero a cambio tendría que
trabajar para ellos durante un año completo y después le enseñaba a volar. El chico acepta el trato
y se aplica en el trabajo los próximos 345 días con
sus noches, expirado el término se presenta ante la
anciana y le pide que cumpla con la parte que le corresponde del acuerdo. La anciana sin escuchar al
esposo que le reclama incrédulo de que ella pueda
enseñarle tal cosa al chico, le ordena al muchacho
subir a la palma más alta de la finca. El joven le obedece ansioso, una vez sobre la palma, la anciana le
indica que comience a mecerse, el chico sigue la
orden y se mece, el esposo de la anciana comienza
a palidecer, cree que en cualquier instante el chico
caerá redondo al suelo y en el mejor de los casos
se romperá los huesos, pero al chico y a la anciana
no les parece lo mismo y continúa. Ahora abre los

brazos y aletea, le grita la mujer al muchacho y el obedece. Ahora lánzate, dice la anciana, el esposo se cubre los ojos para no ver la caída. El chico hace caso, se lanza y finalmente, sale volando.

Más claro ni Michael Jackson, una historia realista ha cambiado completamente y finaliza en un relato fantástico, donde un ser humano ha logrado volar como las aves.

Eso mismo ocurre con el resto de las mudas, amigo mío, pero es más simple, claro que se corre el riesgo de errar y confundir a los lectores, por eso a la hora de elegir un cambio en el punto de vista sea cual fuese, debemos estar seguros que algo lo justifica y ser lo más sencillos posibles, para evitar nebulosas insalvables.

Ahí está el arte; romper con la linealidad es admirable, pero peligroso.

¿Cuáles son los Niveles del Conocimiento del Narrador?

Pensaban que el asunto del narrador se terminaba tan fácil, pues lamento defraudarte. Aún necesitan saber que el narrador tiene respecto a la historia que narra un nivel de conocimientos que le permite ser más o menos profundo en su narración. Esa definición que les acabo de ofrecer corresponde al concepto de Niveles del Conocimiento del Narrador.

Esos niveles son tres, vayamos de menos a más: Narrador Deficiente, es aquel que sabe menos información que el lector. Increíble, pero cierto. Un narrador que domine menos detalles que los lectores, sobre el relato que él mismo nos narra. Cómo es posible. Sencillo. Generalmente este tipo de narrador se encuentra en un punto de vista espacial que lo justifica, es decir, un narrador personaje, desde luego un personaje incapaz de saber más que los lectores o de llegar a conclusiones y atar cabos como lo podrían hacer los que leen. Estos personajes narradores deficientes, suelen ser niños, personas con discapacidad intelectual, alguien que haya perdido la memoria, o cosas por el estilo. Es imprescindible que exista una causa de fuerza que ampare esta incapacidad del narrador personaje para que nos relate algo con deficiencia. Los ejemplos que cité son clásicos en estos casos.

Usemos al niño, que nos cuenta que: mi madre amanece todos los días con los ojos hinchados y marcas oscuras en la piel, además, la escucho llorar en las noches, pero –continúa el niño– como ella dice, la hinchazón es producto de los mosquitos que papá espanta y por eso se sienten golpes dentro de la habitación, es él, papá, espantando a los mosquitos y mamá llora porque les pican mucho. ¡Pobre mamá! ¡Qué bueno mi papá!

Ven, ese es un ejemplo clarísimo de narrador deficiente, un niño que no es capaz de interpretar las señales que le rodean y en su ingenuidad e ignorancia, da otra explicación a lo que claramente es un episodio de violencia de género e intrafamiliar.

Así ocurre con el resto de los posibles casos que puedan asumir el papel de narradores deficientes. Lo que si debe quedarnos claro es que será un personaje el que actúe de esta manera y por tanto se justifique el que como narrador sepa menos que los lectores.

El segundo nivel en esta escala es el Narrador Objetivo o Equisciente; el que conoce lo mismo que los lectores, muestra lo que acontece, carece de toda posibilidad de saber el pasado o el futuro, así como tampoco puede introducirse en la mente de los personajes para saber lo que piensan o sienten. Algunos autores, como mi maestro Felo, lo comparan con una cámara de televisión, que muestra lo que capta el lente y nada más, por consiguiente, el lector obtiene la misma cantidad de información que el narrador y al mismo tiempo.

Este tipo de narrador puede ser un personaje, pero también cabe la posibilidad de que se trate de un narrador externo o extradiegé…tico ¡Olviden la palabrita! Como les decía, puede ser un personaje, pero un personaje testigo, imparcial, al punto extremo de no dar ni la más mínima opinión o juicio y se limite a relatar lo que ha visto, desde luego que, desde su subjetividad, por lo que puede ser débil al momento de creerle. Es por ello que, de tratarse de un narrador externo, resulte más confiable la narración, pero insisto, pueden ser ambos casos.

Llegamos a la cumbre de la escala, El Narrador Omnisciente; ese que lo sabe todo, como Dios, abarcando a todos los personajes, todos sus datos del pasado, el presente y el futuro y capaz de introducir la mano divina en sus mentes para extraer aquello que piensan o sienten. Un narrador muy capaz y útil, generalmente representado por un narrador externo, pero no exclusivamente, porque puede que un personaje que se dedique al oficio de narrar y posea capacidades sobrenaturales, como un dios, un fantasma, un espíritu, etc., tenga en su condición divina el justificante para convertirse en narrador omnisciente y lo sepa todo.

A su vez dentro de este nivel existen dos divisiones: Narrador Omnisciente Absoluto, mantiene la misma definición que dimos en el párrafo anterior, es decir lo sabe todo en lo absoluto y el Narrador Omnisciente Limitado; este también lo sabe todo, pero de uno o algunos personajes de la historia que relata, del resto ignora todo. Significa que este es como un adivino cuando recibe a un cliente en su consulta y es capaz de saber la vida y obra del sujeto, lo que fue, lo que es y lo que será, sin embargo, el resto de las personas que circulan fuera de la consulta, de esos no sabe nada ni le interesa. De ahí esta condición de limitado.

Las grandes obras de la literatura han explotado al narrador omnisciente y objetivo. Mucho se debate sobre la libertad que deban tener o no estos narradores para emitir criterios o juicios, en especial si son narradores externos, algunos dejan a sus narradores que hablen, que critiquen, que se expresen con autonomía, otros no, los silencian, los amordazan.

Los primeros argumentan que como un personaje más de la historia, el narrador no debe reducirse a narrar, debe intervenir e incluso para ayudar al lector a formarse un criterio, a tomar partido, algo muy típico por ejemplo de Víctor Hugo. Los segundos, plantean que el lector ya es capaz de sacar conclusiones, de hacer análisis e interpretaciones por sí mismo y en consecuencia debe tener la libertad de creer o decidirse por lo que para él sea justo, sin que un tercero lo influya, y le llaman a eso democratización del pensamiento. Yo suelo ser de matices y comparto criterios de ambas partes, por eso hago lo que me viene en gana y dejo que, en ocasiones, no siempre, mi narrador sea cual sea, de sus opiniones, lo más breves posible eso sí.

Resumiendo, tenemos en nuestra carpeta de herramientas tres niveles de conocimiento para el narrador que venimos formando desde el punto de vista: Deficiente, Objetivo y Omnisciente (Absoluto o Limitado).

Ahí está el arte; no vale más quien sabe más, acá valdrá más el correcto, el qué encaje en el relato que deseamos crear. Escoge al narrador justo. Si no sabes, la historia te lo dirá.

¿Cuál es la Voz o Tono del Narrador?

Esto apenas nos tomará tiempo, no por ser menos importante sino por lo sencillo que les resultará comprenderlo. Y es que todo narrador dispone de una Voz, que en el lenguaje teórico de la literatura de ficción significa; el nivel o distancia existente entre el narrador y los lectores; la sabiduría y conocimiento demostrados por el primero. Poco potable, ¿verdad? Conectemos la máquina desalinizadora de ideas:

Un narrador posee un conocimiento Alto, Medio o Bajo, como dirían los clásicos: sublime (o gravis), mediano (o mediocris) y bajo (o humilis). Pero nosotros nos quedamos con los nombres de hoy. Cuando un narrador habla en un nivel Alto, no solo su expresión y prosa serán elaborados con detalles y exquisitez –a veces psicópata– sino además con un sabor a sabelotodo. Generalmente se trata de un narrador capaz de llevarnos de la narración pura a las meditaciones filosóficas, como consecuencia directa de opiniones, sugerencias, planteamiento de problemas y soluciones, arribo a conclusiones inéditas y fórmulas paradójicas e interesantes, cómo cuando el Gabo –Gabriel García Márquez– decía, más o menos, que (…) los objetos eran tan antiguos que para nombrarlos había que señalarles con las manos. O que las bañaderas eran un invento de los ingleses para bañarse en la misma suciedad del cuerpo acumulada en el agua..., y cosas por el estilo. Sin dudas para la media de los lectores, el narrador se ubica en un plano superior, con una visión preclara de los asuntos extraordinarios, aquellos que superan la realidad que nos ocupa a diario y, por lo tanto, son una vanguardia intelectual que nos ofrecen maneras distintas de ver la vida. Ese es el narrador con voz o tono alto.

El tono Medio, lógicamente está al nivel de los lectores, existe una correlación de saberes que los sitúa a ambos a la par y como resultado al lector se le ofrece la oportunidad de echar un pulso intelectual con el narrador. Este narrador logra con facilidad la empatía de grandes grupos de lectores, precisamente por ofrecerse como uno más de ellos. El lector podrá verlo como un amigo o compañero de trabajo que le está narrando una historia, ya sea en primera o tercera persona, da igual. Lo importante es que el lector siente a un semejante narrándole algo interesante y surgirá sin demoras la complicidad y camaradería entre ambos. Claro, la deficiencia de este narrador es que se comunica con la media de los que hablan su lenguaje coloquial, el resto queda fuera mayoritariamente, es el problema de este tipo de lenguajes. Desde luego, el narrador medio llevará el sello de su cultura, es decir la manera de ser y de hacer de los compatriotas de su creador, aunque algunos autores se las han ingeniado para convertir su lenguaje y cultura aldeana –en sentido figurado– en universales.

Concluimos con el narrador de tono Bajo, el humilis. Este narrador posee un lenguaje y un conocimiento pobre, lo que llamaríamos inculto. Apenas elabora sus ideas y es mucho más lento que el lector para interpretar y sacar conclusiones, desde luego aporta muy poca información o datos novedosos o interesantes que motiven la curiosidad investigativa del lector, eso sí, elevará a su máxima expresión el ego del lector que, al sentirse por encima de este narrador incapaz, piensa que bien podría ser él, quien escribiese el texto dramático-narrativo de ficción del libro. Claro que el uso de un narrador de este nivel –imagino yo– es una falacia, detrás debe vivir un escritor que intenta bajo la fachada de humilis, manipularnos y llevar nuestro ego, inteligencia y argumentos al sitio donde nos quiere ver. Generalmente este tipo de narrador desvía la atención o la encausa al punto de interés del autor.

Coincido con muchos autores que el tono medio es el más acertado, pero no exclusivo. Esos sí, evita al lector la doble lectura, la de la historia y la del cómo se está contando esa historia. En ocasiones el tono alto implica al lector auxiliarse de otros libros como enciclopedias, diccionarios, libros de materias, lo que significa un esfuerzo superior, para un lector medio cada vez menos interesado en la lectura. El tono bajo por contrapartida, compromete al lector a buscar y rectificar las deficiencias e insuficiencias del narrador, y créanme, perseguir a un incapaz a todas partes es agotador. El narrador medio ofrece sin embargo una relación de iguales, donde se pueden confrontar visiones, pero con ventajas de cincuenta a cincuenta para ambos contrincantes, lo que estimula sin lugar a dudas, la empatía, la confianza y la intimidad entre lector y narrador.

Ahí está el arte; los extremos, incluso en literatura son nefastos, saber elegir el tono adecuado nos ofrecerá el resultado adecuado, sin caer por excesos o sufrir por defectos.

¿Cómo construir un Personaje?

Partamos de la definición de Personaje; es lo que se parece a una persona, animal, ser, objeto o planta. Un ser de tinta y papel creado en la mente del escritor y que reúne las características imprescindibles para desarrollar su función dentro de la obra.

Como ven, la frase "…lo que se parece…", se ha convertido en una suerte de lugar común en este libro, pero un lugar común necesario –como suelo acotar– y se debe a que trabajamos con la ficción, la verosimilitud, lo que se parece a la realidad. Si un personaje fuera una persona, no estaría, en primer lugar, dentro de una historia en ocasiones absurda, triste o dolorosa, manejada al antojo de un escritor. En segundo, no cabría entre letras y signos de puntuación. Es objetivamente imposible algo así. Al menos hasta hoy. Por ello, los personajes son un reflejo, una copia o impresión en letras de los seres que las inspiran.

De esas personas que motivan o dan vida a los personajes, tomamos sus tres dimensiones. Los seres humanos son seres biopsicosociales, es decir, poseen tres dimensiones: Una Biológica; que habla de todo el estado físico y biológico (su constitución física, color de piel, de pelo, ojos, estatura, enfermedades y padecimientos, sexo, etc.). Una Psicológica, que reúne todos los aspectos de la personalidad, de la moral y el pensamiento (motivaciones, conflictos, creencias, autovaloración, autocontrol, capacidad de relación interpersonal, concepción del mundo) y por último Social; aquella dimensión que expresa la interrelación hombre y medio (Nombre, estado civil, familia, amigos, ocupación laboral, estatus social, cultura, lengua, entre otras)

Si un personaje es lo que se parece a una persona entonces los personajes tienen las mismas dimensiones. El escritor debe construir sobre la base de ellas a los personajes de su historia. Yo suelo utilizar una herramienta, en especial cuando escribo una novela, que se llama: Hoja de Vida; en ella se detallan las características del personaje y los elementos fundamentales de su vida. De esa manera quedan recogidas las tres dimensiones del personaje.

No es tan escueta como esta conferencia, la caracterización del personaje va más allá, implica muchísimos ítems que debes tener en cuenta. Esas características solo cambian por acciones importantes. El personaje debe ser coherente, si se llama Luis, no puede llamarse Alfredo, más adelante. Ahora, hay personajes incoherentes, pues entonces, esos personajes deben ser coherentemente incoherentes. Solo la fórmula de la transformación del personaje, explica los casos que justifican un cambio en alguna de las dimensiones o varias de ellas, en el personaje. Esa fórmula plantea lo siguiente:

Fórmula de transformación del Personaje

Personaje + Acción Dramática = Nuevo Personaje

Donde Personaje –y ya lo vimos– es lo que se

parece a una persona (…). La Acción Dramática; es la pugna entre dos fuerzas o bandos opuestos. El Nuevo personaje; es el personaje inicial resultante del padecimiento de la acción, es decir, un personaje transformado por el resultado de esa pugna con su oponente.

Citemos ejemplos, un hombre, médico, muy enamorado de su esposa se ve ante una disyuntiva. La esposa padece una enfermedad terminal y le suplica que la ayude a morir antes, para no continuar sufriendo, para cerrar el capítulo de dolor que los afecta a ambos. En pocas palabras, que le practique la eutanasia, el hombre no sabe qué hacer, no se atreve a ser el responsable directo de la muerte de su esposa, y, por otro lado, le destruye ver el calvario de la mujer que tanto ama. Si practica la eutanasia a su esposa y se descubre, será sancionado y habrá perdido a la mujer, pero la complacerá en sus últimos deseos. Si, por el contrario, se niega, la mujer sufrirá hasta el último momento sin que él pueda aliviarle ese dolor, no podrá demostrarle, según ella, lo que es capaz de hacer por amor e igualmente perderá a la esposa. ¿Qué debe hacer? Eso te lo dejo si quieres escribir un cuento al respecto, la pregunta acá es ¿En ambos casos, acontecerá una transformación en este individuo?

Desde luego que sí. Sea positivo o no, el saldo de una lucha, de un enfrentamiento, de un conflicto entre dos fuerzas. El resultado será la transformación, el cambio, la mutación, hasta podríamos decir, que la metamorfosis, generalmente psicológica, pero también puede ser biológica y social. Es decir que el cambio afecta las tres dimensiones del personaje.

Ahora, es importante y este ejemplo es muy bueno, comprender que cuando hablamos de oponentes y pugna, no siempre hablamos de dos personas que se odien a muerte e intenten eliminarse la una a la otra, no. Aquí son dos personas que se aman, pero se ven envueltas en una situación que las enfrenta: La muerte. Ambos quisieran sobrevivir, pero ante la inminencia de la muerte, hay una decisión que tomar, si adelantar ese momento o esperarlo de forma natural. La mujer quiere adelantarlo, el hombre no sabe lo que quiere, está presionado por la esposa y debe decidir, pero sin lugar a dudas, el preferiría no ser el asesino de la mujer que ama y eso lo enfrenta a ella. Por otro lado, si se convence de ayudarla a morir, se enfrenta a otra fuerza, la sociedad, representada por la ley, que proscribe la eutanasia. Eso es una acción dramática, y no necesariamente se refiere a un conflicto armado entre dos ejércitos, o dos bandas criminales que se caen a tiros.

Para terminar con el personaje, debemos tener en cuenta que toda persona tiene tres vidas: La Pública, La Privada y La Secreta. La Pública; es la que se comparte con la sociedad, la que todos pueden ver y que conscientemente, el sujeto manipula, para tapar los campos oscuros de su persona. La Privada; habla de la que comparte con los íntimos, amigos, familiares, pareja y que no es del acceso general. La Secreta es mucho más confidencial, a la que no acceden ni siquiera los íntimos y solo pertenece al individuo, que guarda en ella sus confesiones más personales. Por consiguiente, los personajes tendrán estas tres vidas y tú como escritor debes conocer todo lo que existe en esas tres fases del personaje.

A ti no se te puede escapar ninguna información de tus personajes, no es concebible que los lectores sepan más que tú de esos seres que te inventaste. El personaje es como un Iceberg, muestra solo una porción de su estructura y el resto se oculta bajo el agua. Tú mostrarás la punta del iceberg de tu personaje y mantendrás para ti el resto, pero de verdad. Debes saber desde el día en que nació, hasta la causa de su muerte, e insisto, aunque no lo muestres en la historia.

Ahí está el arte; el personaje será más creíble cuanto mejor refleje al ser humano que lo inspire, pero sin llegar a ser uno de verdad.

¿Cómo construir un diálogo?

El Diálogo; es lo que se parece a una conversación –vuelve el lugar común necesario–. Deja de serlo cuando se convierte en conversación. ¿Por qué? Muy simple. En primer lugar, porque dejaría de ser ficción, en segundo porque las conversaciones reales, tal y como las conocemos y ejercemos en la vida diaria, están saturadas de elementos superfluos –a vista de la literatura dramático-narrativa de ficción, claro–, elementos que, en una plática entre dos personajes, no debe interesar para la historia, salvo el caso específico que sí. Verbigracia:

El sujeto A se encuentra con el sujeto B. Ambos se conocen y al coincidir se saludan.

—Hola, B.

—Hola, A, ¿Cómo estás?

—Aquí, con mucho calor.

—Ni me digas, yo me acabo de bajar del metro y mírame, sudo a mares.

—Y tú familia, B

—Todos bien, menos mi madre, que la han declarado diabética

—Ufff, que pena. Yo hace unos días pensé en

ti, quería proponerte un negocio.

—¿En serio? No sabes cuánto me alegra, porque estoy con una mano adelante y otra atrás, desde que quedé en paro.

—Pues la verdad que no es un negocio legal.

—Yo me apunto en lo que sea, A, estoy desesperado y con lo de mi madre…

—Bueno, es un asunto de…

Dejémoslo aquí. Esta sería una conversación normal, por la forma, digo, desde luego el contenido es algo ordinario, en el mejor sentido. Pero lo importante es que así se desarrollan las conversaciones. Ahora, un diálogo de ficción, prescindiría de gran parte de esa conversación, porque el diálogo tiene que ser sustancial, deben limitarse a emitir la información que ocupa y aporte algo a la historia narrada. No nos interesa saber todo eso de cuanto calor y cómo está la familia, ahora el asunto del negocio y la desesperación del sujeto B, sí. Veamos el mismo ejemplo llevado al diálogo:

—Sabes, A, han declarado diabética a mi madre, Justo ahora que no tengo un centavo.

—Ufff, que pena. Yo hace unos días pensé en

ti, quería proponerte un negocio.

—¿En serio? No sabes cuánto me alegra, porque estoy con una mano adelante y otra atrás desde que quedé en paro.

—Pues la verdad que no es un negocio legal.

—Yo me apunto en lo que sea, A, estoy desesperado y con lo de mi madre…

—Bueno, es un asunto de...

Así quedaría dentro de una obra literaria este diálogo, porqué, porque se supone que esa es la información imprescindible que debe aportar la plática entre los dos personajes. Quizás si el tema de la obra fuese el calor y las afectaciones que produce, entonces si valdría la pena hablar del calor, pero incluso en dicho caso, lo trataríamos de otra manera, más sustancial.

Es tiempo de detenernos a analizar los típicos errores en los diálogos:

• Diálogo Literario: Nadie habla como escribe. Este error consiste en poner en boca de los personajes una manera de hablar que imita la forma de escribir. En el lenguaje escrito las ideas pueden ser mejor elaboradas, con un lenguaje estilizado, por tanto, el lenguaje oral no puede ser tan perfecto como el escrito, incluso para los más cultos. Ejemplo:

MECANICO: —Señorita, déjeme entrar, por favor. Me siento abatido. Mi amor por usted me inunda.

MECANICO: —Nena, déjame entrar. No sé qué me pasa; no puedo dejar de pensar en vos.

• Diálogo Cortado: Es aquel construido por frases cortas. Ejemplo:

—Hola

—Hola

—¿Cómo estás?

—Bien y tú

—Muy bien.

—La Familia

—Todos, bien

—Hace calor

—Ufff, ni me digas

—Ya te digo

—Insoportable

Insoportable es un diálogo de este estilo, abruma al más paciente de los monjes budistas. Ese es un típico ejemplo de estos errores.

• Diálogo repetido: El que repite varias veces la misma información, También conocido como diálogo redundante. Ejemplo:

—Me gustó mucho el viaje. Me sirvió para descansar. Descansé bastante. Fue un buen viaje.

• Diálogo Largo: Lo contrario al diálogo corto, son diálogos o malos diálogos que parecen conferencias o discursos. Estos también saturan al lector, como mismo nos irrita una persona que hable solo ella, todo el tiempo, y de forma prolongada. No citaremos ejemplo porque corro el riesgo de que cierres esta guía, pero sí puedo darte una solución cuando tengas a un personaje que necesite por el contexto decir algo muy extenso, digamos que una exposición o explicación vital para entender la acción del relato. Ese recurso resolutivo se le llama Diálogo Asimov. Proviene del escritor Isaac Asimov, autor de muchas novelas de ciencia ficción, creador de las actuales tres leyes de la robótica quien necesitaba evadir los eminentes diálogos larguísimos de sus personajes, para ello introducía a un segundo y hasta tercer personaje que interrumpía la disertación del conferencista y así cortaba el parlamento del mismo.

• Diálogo Clónico: También conocido como Nulo, es donde todos los personajes hablan igual, el diálogo es homogeneizado. Si los personajes se parecen a las personas, y no existe una sola persona igual a otra, entonces los personajes tampoco y ello incluye su lenguaje, su manera de hablar, ergo, debemos ofrecer a la expresión de eso personajes, matices que los caractericen, identifiquen, individualicen y diferencien. Ahora en el caso que creemos personajes iguales, como robot, o clones, entonces ahí sí se justifica la homogeneidad de su lenguaje.

• Elección Léxica Equívoca: Implica otorgar a los personajes un lenguaje impropio de su clase social o grupo cultural. EN dependencia de estos aspectos hablará el personaje. Un médico no usa los mismos términos de un mecánico o un azafato. Un hippie no habla igual que un emo. Un chico callejero de clase baja, no habla como un adolescente de clase alta, rico. A eso nos referimos con elección léxica equivocada.

Hasta aquí hemos abordado todo o casi todo el espectro del diálogo, ahora es tu turno de ponerlo en práctica. Si tienes dudas, pregúntate qué tiene este diálogo que lo convierta en una conversación. Si encuentras algo, rectifícalo y llévalo al nivel de diálogo.

Ahí está el arte; dialogar en la ficción, implica concretar y aportar argumentos.

¿Cuáles son las Formas o Estilos del Discurso?

Seremos breves y directos. La Forma o Estilo del Discurso; implica básicamente las opciones de abrir o enunciar los diálogos o parlamentos de los personajes y su ubicación en el texto:

Estilo Directo o Dramático: El Narrador cede su voz a los Personajes y lo anuncia (Dijo, exclamó, preguntó, gruñó, indagó, repuso, etc.)

Ejemplo:

• Me miró con fijación y me dijo: "No quiero que te vayas". (Comillas)

• Me miró con fijación y me dijo:

--No quiero que te vayas.

Estilo Directo Libre: El Narrador cede su voz a los Personajes, pero no lo anuncia.

Ejemplo:

• Toda la ciudad estaba pendiente de su decisión. "Está decidido, voy a casarme".

Estilo Indirecto: El Narrador asume la voz de los Personajes.

Ejemplo:

• Me miró con fijación y me dijo que no me fuera, que haría todo lo que le pidiera, que no la abandonara.

Estilo Indirecto Libre: El Narrador habla por los Personajes con sus palabras.

Ejemplo:

Me miró con fijación. No quería que me fuera. Haría lo que le pidiera con tal de que no la abandonara.

¿Qué es el Tiempo de Ficción?

El Tiempo; es lo que se parece a la magnitud física que mide la duración o separación de los hechos. El tiempo de la ficción se divide en dos:

Tiempo Interior; El que se refiere y regula los hechos narrados. Los acontecimientos operan, para el sujeto de ellos, en dos planos, el Tiempo Cronológico y el Tiempo Psicológico,

El tiempo cronológico; mide las horas, minutos, segundos, días, meses, años, épocas, siglos, milenios, eras, etc. Es el tiempo medible por los instrumentos físicos, como el cronómetro, relojes, calendarios, etc.

El tiempo psicológico; mide las emociones y en consecuencia si una situación es emocionalmente positiva, el tiempo transcurre en nuestra psiquis de manera más veloz, si es negativa, se enlentece y una hora suele percibirse como diez de ellas.

El tiempo psicológico es responsable del desfase entre el tiempo cronológico y el mental.

El Tiempo Exterior o externo; atañe al tiempo gramatical de la narración, el mismo del que hablamos en el tema de los Puntos de vista. Es decir, se ocupa de si la narración es en presente, pretérito o futuro.

Ahí está el arte; el tiempo en ficción transcurre similar al real, imitarlo a la medida, garantiza la credibilidad de la obra.

¿Qué es el Espacio Literario o de Ficción?

No es un lugar donde hablaremos de literatura y sus temas más controversiales, no. Aunque también podría ser. Pero este, del que hablamos hoy, es el sitio físico donde se escriben y se desarrollan los hechos narrados. Igual que su hermano el tiempo, el espacio se divide en dos: Externo e Interno.

El Espacio Externo; establece la posición entre narrador y narración. Estrechamente vinculado al punto de vista espacial del narrador del que ya hemos hablado. Léase, la persona gramatical que asume el narrador que lo sitúa fuera o dentro de la historia. Por tanto, el narrador es externo o interno y esa es su vinculación a la narración.

El Espacio Interno; designa el lugar geográfico donde suceden los acontecimientos. Desde luego, se trata de lugares ficticios o realistas. Una ciudad, un pueblo, el bosque, el mar, la galaxia o en la Tierra Media del Señor de los Anillos.

Es muy simple la organización del espacio, que no puede quedar en el olvido.

Ahí está el arte; debemos aterrizar personajes, acciones y lectores a un plano o contexto físico. Con o sin fuerza gravedad, pero un sitio donde asentarlos.

¿Cuáles son las ventajas y limitaciones de la escena y el resumen?

La Escena; es el momento dramático por excelencia, donde los personajes toman vida, asumen voz propia e interpretan su papel, movidos por la acción dramática dentro de un conflicto. De hecho, la escena es una acción dramática en mayor o menor medida, eso depende del contenido que aborde. Se dice que la escena es el método dramático de contar una historia, y la afirmación se basa en la evidente asunción de la carga narrativa de la historia, que toma la escena.

La escena es un recurso que anula la presencia constante del narrador y permite a los lectores visualizar, como en un teatro o cine, los acontecimientos, de ahí el carácter dramático. Es decir, la escena puede ser representada ante un público por actores. Trasciende del papel y las letras, para convertirse en un relato vivo, palpable, más real. Precisamente, la escena fortalece la credibilidad, la verosimilitud del relato —insisto que leas relato como término genérico— por la carga y contundencia en la narración. La escena muestra la acción, no la explica. Ello sin contar que la escena resulta inmediata, aun cuando la historia se narre en pasado o futuro, la escena lo vuelve presente y el lector la percibe como en tiempo real.

La escena posee tres componentes básicos, como las tramas. Comencemos con El Descubrimiento o Reconocimiento; no es el encuentro típico de los personajes, no es solo eso, es también la arrancada del asunto central de la escena. Es la visibilidad del conflicto o asunto que genera y aborda la escena.

Traigamos a escena –y nunca mejor dicho– el ejemplo de los Sujetos A y B de la conferencia del diálogo, el momento del descubrimiento o reconocimiento en esta escena, ¿cuál sería? Pues el principio, donde se abre el punto central de la plática, cuando el sujeto B pone al tanto a su compañero de la situación económica desfavorable que lo embarga.

Sabes, A, han declarado diabética a mi madre, justo ahora que no tengo un centavo

Descubrimiento o Reconocimiento

En ese momento exacto, suponiendo que la escena inicie de esta manera, sería el descubrimiento o reconocimiento. Descubrimiento porque el sujeto A desconoce la situación de B, quien abre el asunto y es ahí donde lo da a conocer. En el caso que A estuviese al tanto de las penurias de su amigo, entonces, simplemente estaría reconociendo el problema. En ello consiste este punto inicial de la escena. No es la mera presentación o encuentro de los personajes, y debe quedarte claro. En el caso que el motivo o esencia de la escena sea la entrada de un personaje nuevo, por ende, importante para la historia, entonces, su presentación sería el descubrimiento o reconocimiento. Resumiendo, descubrir o reconocer en la escena, se refiere al tema, al conflicto.

Otro elemento es El Cambio o Peripecia; es la respuesta que resulta del descubrimiento o reconocimiento del conflicto, del problema, una reacción de los personajes. Significa que una vez advertido el asunto, este tendrá un efecto, positivo o no, teniendo en cuenta que, como acción dramática que es la escena, ante una oposición de fuerza, habrá una respuesta, una reacción a ella. A esa respuesta le llamamos cambio o peripecia, dentro de la escena. Veamos un ejemplo:

Ufff, que pena, hace días pensaba justo en ti y tu madre.

Cambio o Peripecia

Aquí vemos claramente la primera reacción de la contraparte. Recuerda que la escena es una acción dramática y en consecuencia es una pugna, pugna que no implica necesariamente que las partes estén en desacuerdo en todo, pero el objetivo final de ambas si disienten. En este caso, ambos sujetos persiguen objetivos distintos, digamos que A busca quien haga el trabajo sucio del negocio que se propone y B satisfacer las necesidades económicas que tiene. Tras el descubrimiento o reconocimiento del problema de la escena, el sujeto A responde, ante el planteamiento. Resulta un poco sospechosa la oportunidad con que A ofrece una solución ideal para B, pero B no lo advierte y asume como buena la respuesta de A. El cambio o peripecia se produce cuando A se muestra preocupado por la situación del amigo y le asegura que ha pensado en él.

Finalmente queda El Desastre o Sufrimiento; yo en realidad le llamaría Consecuencia o Solución; es el momento cumbre, concluyente y que cierra la escena, donde surge la consecuencia más inmediata, donde se propone una solución, se aplaza o se soluciona, a priori, el conflicto.

La acción debe ser completa, una acción debe completarse con una resolución, en ocasiones una solución es aplazar la solución, otras es proponer una posible solución o dar la solución misma –y disculpen este trabalenguas–, que evidentemente, al calor de las decisiones, puede parecer la conclusión, pero también implica, el resurgimiento del problema, su multiplicación o en el mejor de los casos, el final del conflicto.

Sigamos con este ejemplo:

-Pues la verdad, que no es un negocio legal.

-Yo tomo lo que sea, A, estoy desesperado y con lo de mi madre

Consecuencia o Solución

Imposible aclararlo, no por defecto, sino por exceso, es más que evidente, pero de todas maneras lo voy a intentar y llámame paternalista si quieres. Aquí B, encuentra una posible solución que le ofrece A, no significa que, en efecto, el negocio ilícito que le proponen, resolverá el problema planteado, sin embargo, ya abre una ventana de alivio. Esa es la consecuencia o solución, el desastre o sufrimiento, aunque no apliquemos el término literalmente, de manera figurativa, según esta teoría, el o los personajes, explotan o estallan ante un conflicto que los apremia, responden superficialmente, sin valorar todas las opciones, y eso se debe a la inmediatez de la escena, es un momento único en el que te plantean un problema, reaccionas y tomas una primera decisión, decisión que puede ser positiva o no. Imagino que ese sea el motivo del nombrecito de desastre o sufrimiento. Lo importante no es el término sino la esencia, acá hay consecuencias, resultados concretos que arroja la escena.

Ahora llega el momento del Resumen, la otra cara de la moneda, la luna o el perfil de un ser humano. Se trata del método narrativo para contar una historia, en el que se simplifican los hechos, limitando el relato a las cuestiones principales o significativas ocurridas en un largo período de tiempo.

Este método, tan importante como la escena, permite en primera, evitar relatos superfluos y para nada interesantes, que poco aportarían a la historia, que el lector desecharía de inmediato. Por ejemplo, a nadie le importaría saber qué hacen los personajes de un día para el otro, si no ocurre en ese tiempo, algún suceso interesante. Es decir, que el autor desechará la narración de cómo se baña, come, ve la tele, se cepilla los dientes, les da las buenas noches a los hijos y duerme durante ocho horas. Ahora si en ese tiempo ocurriera algo significativo, entonces vamos directamente a ese hecho, pero el resto se obvia. Ahí entra a jugar su papel el resumen, acorta ese momento y nos remite de inmediato a los hechos principales que por un orden lógico de tiempo acontecerán luego de lo que hemos obviado.

El resumen es completamente narrativo y se convierte en una narración distante, de segunda mano, donde interviene todo el tiempo, un narrador. A diferencia de la escena no deja que el lector visualice los hechos por directo. Además, el resumen explica los hechos mientras la escena los muestra.

Aunque uno tenga más ventajas que el otro, ambos son primos que se precisan, que resultan necesarios en toda obra dramática-narrativa de ficción. Las escenas son momentos muy esperados dentro de la historia y el resumen el puente entre ambas, sería tan agotador una escena tras otra, como una narración constante, sin pausas dramáticas.

¿Qué es el Estilo y qué variables estilísticas, ortográficas y gramaticales, debes controlar?

El Estilo es el ADN del Autor, en consecuencia, una combinación de los genes de nuestros padres literarios; esos escritores con los que nos identificamos, por gusto objetivo, ético y estético, e influyen en nuestra obra.

Significa entonces que el Estilo es una suerte de variante personal del de escritores precedentes, quienes a su vez gozaron del mismo proceso, un proceso donde fueron el resultado de valores adquiridos e innovados.

El Estilo se construye de esos valores que nos ofrecen otros escritores, luego de un largo experimentar y ejercer la creación literaria. Muchos de esos valores los asumimos y otros quedan en la lista de descarte, entonces nace la necesidad de cubrir el déficit que genera el desecho y nos inventamos valores, que, en muchas ocasiones, son versiones de otros, pero las más iluminadas y originales mentes, crean nuevos. Luego se combinan y el resultado es el agua destilada en la que se refleja el Autor, a lo que llamamos, Estilo.

No creo en Estilos originales o puros, solo el primero de los literatos se luce de ese privilegio, y puedes ir a constatarlo a las paredes de alguna caverna. Si creo en Estilos únicos, de hecho, todos los son, de menor o mayor calidad, pero únicos y no clonables, por muy cercanos que estos sean, y cómo no ser cercanos si todos tienen un origen común, repito, olvidado en lo profundo de una gruta.

La base para construir tu estilo, está en la lectura. Ahí advertirás esos valores universales del estilo que le han funcionado por milenios a millares de autores y escritores, quienes versionaron, los más talentosos, dichos valores o adaptaron, los menos aplicados.

Crearás luego en tu ejercicio una lista de descarte, donde irán a caer los valores que en tu experiencia creativa no funcionan y buscarás remplazos; nuevos valores estilísticos, que te enfrentarán con la crítica e incluso, con tus colegas y serás tachando de mal escritor, pero luego que mueras, todo el planeta admirará. También cabe la alternativa de cubrir el espacio de los valores desestimados con una reinvención de esos mismos.

En todo caso, estarás haciendo historia y arte, una oportunidad limitada, ese es tu estilo.

Desde luego, pensarás que no te he dicho nada en concreto hasta ahora, pero a continuación te propongo una serie de consejos y experiencias, que encarnan esos valores universales del estilo, y te servirán de base y puerto para iniciar tu viaje al estilo que te identifique como autor y escritor.

Te hablaré en código de consejos, para variar un poco esta guía. Estudia, analiza y experimenta con estas pautas que te conviene seguir cuando revises tus textos, para mejorar el escrito, según voces más atrevidas que la mía. Pero, antes, te regalo un primer consejo:

• Luego que las aprendas y practiques, intenta versionar las que no te convenzan. Rompe con todas estas casinormas y te respetarán.

No te demoro más, ahí te van:

Elementos Formales:

• Se escribe –generalmente– en tipologías Arial o Time New Román, tamaño 12 y a doble espacio (1.5), papel Carta, márgenes 2,5 superior e inferior, 3,0 derecha e izquierda.

• No se deja espacio entre un párrafo y otro.

• Se debe mantener atención a los márgenes y mayúsculas, así como la ortografía.

• Se escriben los parlamentos pegados a la Pleca guion.

• Las Acotaciones dramáticas, comienzan pegadas a una pleca guion y cierran con punto y aparte o separadas de la pleca guion que corresponda.

• Los signos de puntuación se miden por la respiración del autor, fundamentalmente –("la puntuación es la respiración de la frase")– y en casos específicos prestando atención a las reglas.

Elementos Apreciativos:

• Emplee la palabra exacta y adecuada. Piensa que no existen sinónimos, aunque te hayan enseñado lo contrario en la escuela. Cada vocablo tiene un significado único.

• Emplea sólo dos palabras del idioma: EL VERBO Y EL SUSTANTIVO. Evite los adjetivos en exceso. La adjetivación detiene la acción. "si un sustantivo necesita un adjetivo, no lo carguemos con dos" (Azorín)

• Evita los verbos "fáciles" como: hacer, poner,

decir, etc. y los "vocablos muletillas" (cosa, especie, algo, etc.).

• Narre de manera directa, sin ponderaciones, ni engalanamiento –que no significa restar belleza–, y además evite digresiones.

No abuse de los adverbios terminados en "mente". Los adverbios modales terminados en "mente" tienen la desventaja de la monotonía y la cacofonía, producida por el abuso de estos sufijos.

• Evite el exceso de locuciones adverbiales (en efecto, por otra parte, además, en realidad, en definitiva).

• Evite las conjunciones "parasitarias": "que", "pero", "aunque", "sin embargo", y otras por el estilo que alargan o entorpecen el ritmo de la frase.

• Cuidado con el empleo del pronombre posesivo "su" –pesadilla de la frase– que es causa de anfibología (doble sentido).

• Emplee correctamente el gerundio y en caso de duda... sustitúyalo por otra forma verbal. El gerundio debe ser simultaneo o anterior al verbo principal de la oración.

• Evite el Suseo, el Mimeo, Seseo, Siseo y las

terminaciones que configuren rimas, recuerde que en prosa narrativa no debe permitirse la sugestión sonora de las palabras. "Cuando se permite el predominio de la sugestión musical empieza la decadencia del estilo".

• No emplee vocablos rebuscados. Evítese el excesivo tecnicismo y aclárese el significado de las voces técnicas cuando no sean de uso común.

• Recuerda que el idioma español prefiere la voz activa.

• No abuse de los incisos y paréntesis. Procura que no sean excesivos.

• Tener en cuenta el orden sintáctico en la construcción de la frase española (sujeto, verbo, complemento) y el orden lógico. No envíe nunca el verbo al final de la frase.

• Recuerde siempre que el estilo directo tiene más fuerza –es más gráfico– que el indirecto.

• Evite las frases hechas, lugares comunes y tópicos literarios.

El Gerundio:

Es una conjunción del verbo que de conjunto con el participio y el infinitivo es una forma no per-

sonal del verbo. Expresa anterioridad y simultaneidad, nunca posterioridad.

1.	El hombre nos hablaba mirándonos a los ojos. (CORRECTO)

2.	Aferrándose de la montura, subió sobre el caballo. (CORRECTO)

3.	Al comerciante lo apuñalearon con saña, muriendo desangrado dos horas después. (INCORRECTO)

4.	Al comerciante lo apuñalearon con saña y murió dos horas después. (CORRECTO)

¿Cuáles son las Técnicas Narrativas?

Prepárate, porque lo que viene es extenso, pero imagínate que seré breve...

Las Técnicas Narrativas o Recursos Narrativos, son modos o procedimientos ordenados que utiliza el escritor, para presentar al lector una historia y convencerlo de manera diferente, novedosa o no lineal. Existen muchas, yo diría varias, pero no todas son tan buenas; algunas muy jóvenes y otras poco interesantes. Nosotros nos concentraremos en las que a lo largo de la historia y la práctica han funcionado y mantienen ese estatus, que, de dominarlas, te acortarán el camino al título de Escritor Prominente o en el menor de los casos, Promesa de las Letras. El resto las citaremos –de manera somera–, las abordaremos y de resultarte interesante puedes indagar en ellas.

Yo he decidido unilateralmente, agruparlas por familias, de acuerdo a un criterio lógico. Y es que varias técnicas comparten entre sí características comunes que juntas las convierten en verdaderos géneros de técnicas narrativas. El primer grupo, para así comenzar son las Técnicas Estructurales:

les denomino así porque las tres transforman la estructura clásica o aristotélica del relato, con un objetivo dramatúrgico; atraer y mantener la atención de los espectadores.

La primera de ellas es el In Medias Res; (hacia la mitad de las cosas) esta técnica anula la Introducción y comienza la historia en el Punto de Giro, justo el momento más álgido y conflictivo, es decir, en la mitad del asunto. Claro que el nombre no siempre se aplica literalmente, puede ser que unas veces realmente la técnica inicie en la mitad de la historia, pero otras un poco antes como lo es el punto de giro.

Es una técnica muy empleada y en especial en la actualidad. El cine la ha desarrollado sobremanera y la literatura no se ha quedado atrás. Grandes autores, en especial los novelistas se han apropiado de los códigos de esta técnica, muy efectiva cuando de atraer la curiosidad de los lectores se trata. Generalmente el In Medias Res, va acompañado de otras técnicas, de su familia: La Retrospectiva o el Racconto.

Un ejemplo muy preciso del uso del In Medias

Res, lo encontramos en Cien Años de Soledad de Gabriel García Márquez: "Muchos años después frente al pelotón de fusilamiento, el Coronel Aureliano Buendía, habría de recordar aquella tarde remota en que su padre lo llevó a conocer el hielo…" acto seguido a este arranque único y fantástico de esta obra referente, su autor da un salto al pasado y comienza a narrar desde el día en que el coronel que está frente al pelotón de fusilamiento, conoció de manos del padre, el hielo.

Otro clásico, "Veronika decide morir" de Paulo Coelho:

"El día 11 de noviembre de 1997, Veronika decidió que había llegado, por fin, el momento de matarse. Limpió cuidadosamente su cuarto alquilado en un convento de monjas, apagó la calefacción, se cepilló los dientes y se acostó."

Aquí, en cuanto termina de mostrarnos el punto intermedio de la historia y nos atrapa con las incógnitas que surgen, el autor se devuelve al principio, para narrarnos porqué llegamos al momento en que Veronika, decide morir.

Ahora debe quedarnos claro que sí, el autor

no nos remite de inmediato al principio de la historia, no estamos ante un In Medias Res, el hecho de regresar en el tiempo, es imprescindible para esta técnica.

Yo, por ejemplo, leí una novela del estadounidense John Grisham, titulada "El Testamento", donde el autor inicia justo en el momento más fuerte, de todo el relato. El comienza en el momento que el multimillonario anciano, Troy Phelan, firma un testamento bajo la mirada de sus hijos, tres psiquiatras, los abogados del bufet y las cámaras de seguridad. Firmado el testamento, todos se retiran satisfechos y él permanece en la oficina. Cuando los hijos han llegado a la primera planta del edificio, frente a ellos cae desde la altura, el anciano y muere. Sin embargo, la mayor sorpresa es el testamento ológrafo que firmó el difunto, anulando el que minutos antes rubricaba frente a sus ambiciosos hijos.

Ahí comienza una historia apasionante, donde sin dudas volveremos por segundos al pasado, pero no es la intención del autor contar lo que ha ocurrido antes, la historia que él quiere relatarnos es la que comienza en ese episodio trágico. Aquí no está presente el In Media Res, porque no se está contando desde la mitad de la historia, no, esa arrancada, es el verdadero y único principio de la novela. Aquí se aplica la técnica del Ah ovo, que significa desde el huevo; técnica que inicia desde el principio natural y continúa una pauta lineal de narración hasta el desenlace.

Otra variante es la técnica de In Extremis, es decir, en el fin; es una técnica que arranca en el final –nos revela el fin por anticipado– y se devuelve al inicio para contarnos cómo se llegó a semejante desenlace, manteniendo una pauta lineal de narración.

La técnica conocida como Retrospectiva, Flash Back o Analepsis; es un salto de ida y vuelta al pasado, donde se viaja a un hecho ocurrido y se regresa al punto de partida. Es repentino y rápido. Es una vuelta rápida al pasado, en medio de una situación narrativa. Supondrás que es de las más utilizadas, de hecho, la más explotada de las técnicas, en ocasiones se abusa de ella. Y ese abuso responde a las bondades de esta técnica. Veamos un ejemplo de Daniel Chavarría "Viudas de sangre":

"Olga, con la nostalgia estimulada por la tarde gris y la lluvia en su ventana, recorodó la fiesta que la familia real diera, muy en privado, para festejar los quince años de la gran duquesa Tatiana Nicoláievna. Olga, que entonces tenía apenas seis años, fue presentada esa tarde por el propio emperador, a la flor y nata de la noblesa rusa: «Ahora quiero que oigáis a Olga Mijáilovna, princesa Jaráguina, la hija de nuestro benemérito Mijaíl Petrovich»".

Nótese que las palabras en cursiva marcan el momento de la retrospectiva. Inmediatamente después, el narrador vuelve al punto de partida para continuar con la pauta narrativa.

Continuamos. La Prospectiva, Prolepsis o Flash forward, es la tercera de las técnicas estructurales; implican un salto de ida y vuelta al futuro. Mediante esta técnica es posible adelantarse en el tiempo, como en una máquina y volver con la misma al sitio de salida. En "Crónica de una muerte anunciada" de Gabriel García Márquez, mi escritor favorito, podemos estudiar claramente esta técnica:

"Victoria Guzmán, por su parte, fue terminante en la respuesta de que ni ella ni su hija sabían que a Santiago Nasar lo estaban esperando para matarlo. Pero en el curso de sus años admitió que ambas lo sabían cuando él entró en la cocina para tomar el café. Se lo había dicho una mujer que pasó después de las cinco a pedir un poco de leche por caridad, y les reveló además los motivos y el lugar donde lo estaban esperando."

En la segunda oración el Gabo, hace un salto prolépsico y nos adelanta que con el paso de los años, Victoria Guzmán aceptaría que estaba al tanto de que Santiago Nasar estaba en peligro. Luego, el autor nos devuelve al punto desde el que dimos el salto.

Debes tener en cuenta que tanto la retrospectiva como la prospectiva, no se configuran si tras el salto, no se regresa de inmediato para continuar el curso normal de la historia. En el caso que se dé el salto y no volvamos, todo lo contrario, nos quedemos ahí, entonces estamos en otra técnica, que se aplica únicamente en las retrospectivas.

Se trata del Racconto; un salto prolongado, donde se narra con detalles lo ocurrido en el pasado. Otras posibles denominaciones son Retrospectivo Prolongado o Narración Preactiva. El mismo caso de Cien años de soledad, sirve de ejemplo. Cuando se nos anuncia que el Coronel Aureliano Buendía está a punto de ser fusilado, el autor nos hace un Racconto de la vida del sujeto, recuento que se prolonga varios capítulos, donde desandamos por las intimidades de la familia Buendía, la aldea Macondo y sus pobladores.

El mismo Gabo, recurre a esta técnica nuevamente en su novela, mi favorita, "El amor en los tiempos del cólera". En esa novela todo comienza con la muerte de un personaje que es secundada tiempo después por la de uno de los protagonistas, hasta que Florentino Arisa, aprovechando la oportunidad, se lanza a la reconquista del amor de su vida, Fermina Danza. Ante el rechazo de la mujer, la historia gira en busca del pasado y ahí nos quedamos, para saber qué sucedió antes de las muertes de esos dos hombres.

Como notarán aquí coinciden el In Medias Res y el Racconto, como les decía antes.

Otro género de técnicas serían las Técnicas de Perspectiva; son las que utilizan la diversidad de ángulos, puntos de vista o visiones, para tratar un hecho o varios.

La Perspectiva Múltiple es la primera de ellas. Es una técnica en la que varios personajes muestran su visión sobre el mismo hecho, relatando de primera mano lo que aconteció. Aquí los personajes son prácticamente narradores, que uno a uno cuentan lo que presenciaron. Claro para que la técnica resulte, todos deben ser testigos y versionar sobre un mismo hecho. Un ejemplo imaginario: Un cuento donde se narre un accidente de tránsito. Aquí cinco personas fueron testigos y las cinco narran cómo lo vieron. La técnica arroja la variedad de visiones y busca mostrar como un mismo suceso es visto desde diversos ángulos por diferentes personas. Ese es el objetivo, más allá de dejar en evidencia las diferentes versiones, se busca revelar, mostrar cuan distintos somos y pensamos, como para narrar de maneras diversas una misma situación. Un ejemplo cubano: La catedral de los negros, de Marcial Gala.

La siguiente es El Concierto de los Personajes; Antes déjenme decirles que esta técnica es resultado de un experimento, puede que no sea el único que la haya utilizado, pero a falta de antecedentes teóricos, la he bautizado con ese nombre. Consiste en que cada personaje de la historia narra las acciones en las que interviene como protagonista y se somete al narrador de turno cuando es un mero personaje secundario. Los personajes incluso pueden interactuar.

Esta técnica la usé a partir de una necesidad expresiva y creativa que tuve, cuando escribía mi novela, "Tercia, la conspiración del cielo". Qué sucede, aquí, pues que la novela está organizada en relatos, cada relato tiene un narrador distinto, es decir, un personaje narrador diferente. En eso consiste la técnica, en que los personajes protagónicos, los más importantes, se unen para narrar en primera persona, la historia que los relaciona, desde luego, uno a uno espera su turno, para relatar el episodio donde ellos son los protagonistas. Para que la técnica se complete, los relatos deben estar ordenados bajo una lógica, que en su conjunto permitan armar la gran historia que es toda novela.

La diferencia con la perspectiva múltiple radica en que, aquella, los narradores narran el mismo hecho, en esta no, cada uno cuenta lo que continúa, lo que viene después de lo relatado por su antecesor.

El próximo grupo pertenece a las Técnicas del Pensamiento; en ellas están el Monólogo Interior, el Soliloquio y la Corriente de pensamiento. Estas técnicas imitan el pensamiento y la expresión en medio de análisis y reflexiones de los personajes.

El Monólogo Interior; es un discurso silente, no hablado, íntimo, que el personaje no exterioriza. Conserva el orden sintáctico y secuencia lógica de las oraciones, propio de los discursos. No es una conversación con uno mismo, no, esa es otra técnica, el monólogo aborda un tema en específico sobre el cual discurre el personaje, aportando argumentos. En él puede el personaje autoanalizarse, reflexionar como sucede en "La ciudad y los perros" de Mario Vargas Llosa. Veámoslo:

"Era machaza: la hacían volar a patadones y ella volvía a la carga, ladrando y mostrando sus dientes, unos dientes chiquitos de perrita muy joven. Ahora ya está crecida, debe tener más de tres años, ya está vieja para ser perra, los animales no viven mucho, sobre todo si son chuscos y comen poco. No recuerdo haber visto que la Malpapeada coma mucho. Algunas veces le tiro cascaras, ésos son sus mejores banquetes [...] No sé a quién se le ocurrió ponerle Malpapeada. Nunca se sabe de dónde salen los apodos. Cuando empezaron a decirme Boa me reía y después me calenté y a todos les preguntaba quién inventó eso y todos decían Fulano..."

Aquí el personaje hace un análisis de una perrita a la que llaman Malpapeada. El sujeto se sumerge en los recuerdos y la reflexión sobre este animalito. Como ven se proyecta un orden en la construcción del texto, se mantiene la coherencia y desde luego, nada de lo que expresa este personaje es mediante la palabra, sino que se queda a nivel de pensamiento. En eso consiste esta técnica.

El Soliloquio, es todo lo contrario, aquí el hablar es imprescindible. Es una conversación con sí mismo o confesión en voz alta. El soliloquio responde a esa costumbre –que muchos achacan a los locos– de hablarnos en voz alta, o como algunos dicen, pensar en alta voz. De eso va la técnica, proyectar esa manera en la que los seres humanos nos auto convencemos de algo, analizamos un problema, maldecimos a un enemigo, planeamos los próximos pasos, etc. Veamos un ejemplo de Calderón de la Barca, "La vida es un sueño":

"Morir... quedar dormidos... Dormir... tal vez soñar – ¡Ay! allí hay que Dormir... tal vez soñar! – ¡Ay! allí hay algo que detiene al mejor. Cuando del que detiene al mejor. ¡Cuando del mundo no percibamos ni un rumor, qué sueños vendrán en ese sueño de la muerte! ..."

Este es el famoso soliloquio de Segismundo, magistralmente empleado por este escritor paradigmático de la literatura hispánica. Aquí podemos ver cómo el soliloquio a diferencia del monólogo, es menos contundente, en el sentido de que las frases no siempre son terminadas, justo como ocurre cuando nos hablamos, las ideas quedan colgadas, pero si se mantiene el orden sintáctico y lógico, donde hay una coherencia en el asunto tratado.

Nos resta el Flujo de la Conciencia o Corriente de Pensamiento; una técnica que registra el pen-

sar libre, dejando fluir el pensamiento del personaje. Aquí como en esos momentos en que estamos
ensimismados y florece el subconsciente, nuestra
mente no organiza las ideas, ni se preocupa en el
orden sintáctico, por consecuencia, esta técnica refleja ese mismo fenómeno.

Se considera a James Joyce, el autor del Ulises padre de esta técnica. Sí, en esta obra capito-
lezca –acéptame este neologismo que me inventé–
de las novelas psicológicas, Joyce se adentra en un
personaje ensimismado, que discurre a neuronas
sueltas y como resultados, el texto registra con fidelidad ese instante, de la siguiente manera, aunque
hay otros muchos ejemplos:

"Tengo que encargarme de ese anuncio después del funeral. –¡Escribí Ballsbridge en el sobre
que usé para disimular cuando ella me descubrió
escribiéndole a Marta! – Espero que no esté tirado
en la oficina de cartas sin reclamo. Estaría mejor
afeitado. Barba que ya sale gris. Esa es la primera
señal cuando los pelos se vuelven grises y viene el
malhumor. Hilos de plata entre el gris. Me pregunto
cómo tiene el tino de declararse a una muchacha.

Vamos, vivamos en el cementerio ¡Podría emocionarla al principio! Cortejar la muerte..."

Fíjate cómo Joyce traduce el pensamiento del personaje. Parece que un computador registrara lo que ocurre en la conciencia, yo diría el subconsciente. Nótese la dispersión, algunas incoherencias, el desorden que rompe con la lógica de las oraciones. Así se expresa nuestra conciencia cuando tenemos la vista perdida en algún sitio y nos volcamos a nuestro interior, sin ser conscientes, prácticamente de ello.

Aún nos faltan dos familias más. Las Técnicas Multilaterales y las Técnicas de Información. Las primeras, son las que narran al unísono dos o más historias independientes. Comencemos por las Historias Paralelas; se narran dos o más historias aparentemente independientes, únicas, con personajes distintos, que incluso se desarrollan en sitios y hasta cronologías diferentes, aunque vinculados por un eje similar. Acá es posible una variación de argumentos y puntos de vista. Sin embargo, a estas historias paralelas, les une un eje temático en común.

Un ejemplo vivo del uso de esta técnica nos llega de la mano de Premio Nobel de Literatura, Mario Vargas Llosa en su novela: "El paraíso en la otra esquina".

Aquí, el autor relata la vida de dos personajes que, si bien mantienen un vínculo de sangre, vivieron épocas muy diferentes. Flora Tristán y su nieto, el pintor Paul Gauguin. Los dos personajes inspirados por célebres personajes de la historia universal, no se conocieron en vida, sin embargo, las causas que los llevaron al reconocimiento social e histórico del cual gozan, constituye el punto en común que los unió y une. Por medio de sus historias paralelamente narradas, Vargas Llosa consigue mostrarnos esas coincidencias, más allá de la filiación entre ambos.

Mientras Gauguin busca el paraíso en Bretaña y posteriormente en Tahití como refleja en su arte y en su forma de ver la vida, fascinado con la pureza total de la vida sin convenciones, su abuela, Flora Tristán, se lanza a una guerra en pro de los derechos de la mujer y de los obreros en Francia.

La siguiente técnica son Los Vasos Comunicantes; consiste en dos o más hechos narrados en simultaneidad, que se influyen modificándose o complementándose. Desde luego, hablamos de sucesos independientes en su argumento qué forman parte de una historia. ¿Qué de común podría existir entre una prostituta y la de una modelo de revistas de moda? Pues precisamente lo que logra esa técnica es mostrar, visibilizar eso que nos relaciona a todos, porque en definitivas vivimos en sociedad y la acción de un sujeto por muy simple que parezca puede afectar a otros incluso más allá en el tiempo.

Veamos un ejemplo, ya lo vimos en la conferencia de las Mudas, se trata de "La noche boca arriba" del escritor argentino Julio Cortázar. ¿Recuerdas el argumento de este cuento? Pues en apretado resumen te refresco la memoria:

Un joven cae de su moto por accidente y en el hospital producto de la fiebre salta a un mundo en el que es un indígena que será sacrificado a los dioses. Antes de morir el hombre descubre que el sueño en realidad es aquel en el que iba en moto y tuvo el accidente y que en realidad él es un indígena.

Groso modo de eso va el cuento, pero lo que nos interesa es saber que aquí el autor utiliza los vasos comunicantes. Ellos les permiten trasladarse –y con él nosotros– de una historia a la otra, es decir, entre el enfermo del hospital y el aborigen que está a punto de morir sacrificado. En la historia se nos relata como dos vidas independientes, dos personajes distintos, uno realista, que ha tenido un accidente y convalece en el hospital y otro fantástico, un aborigen que huye de una tribu enemiga e infelizmente es capturado para morir por los dioses. Pero qué los vincula, no se trata solo del que ambos sean el mismo sujeto en principio, sino que uno ha soñado con el otro, y que, aunque nosotros podamos soñar con hechos pasados, significa también que podemos adelantarnos en el futuro por medio de esos sueños, tal y como lo hizo en al finalizar de la historia, el aborigen.

Fíjate entonces, como dos historias independientes se influyen la una a la otra. Otro ejemplo lo pueden encontrar en "Conversación en la Catedral" del propio Vargas Llosa. Pero de ese no te voy a hablar, ahí lo dejo de tarea.

Por último, nos queda dentro de las técnicas multilaterales, La Caja China; es la narración de una historia dentro de otra, simulando ese pasatiempo oriental que consiste en introducir una caja dentro de otra o como los rusos, que crearon las matrioskas, unas muñecas que caben dentro de otra de mayor tamaño. Podrá encontrar en otras literaturas el concepto en francés: mise en abyme, que significa puesta en abismo y traducido a la teoría de la literatura de ficción indica imbricar una narración dentro de otra.

Volviendo a la narrativa, esta técnica consiste en más de una historia, pero no paralelas, sino una principal que contiene dentro muchas historias más. De ahí el nombre de caja china. Mientras más historias contenga en ese código, mayores niveles tiene la técnica, pero ojo, no se relata indiscriminadamente, no es contar una dentro de otra por puro placer, debe existir una justificación.

De ejemplos vamos sobrados, desde "El asno de oro" de Apuleyo, el clásico árabe de "Las mil y una noches", pasando por "El Decamerón" de Boccacio, hasta "El quijote" de Cervantes y "Ficciones" de Jorge Luis Borges. Todos son monumentos literarios de ficción, que ilustran la importancia de esta técnica casi tan milenaria como el invento que le da nombre.

Entramos en territorio de las Técnicas de Información; llamadas así porque dan un tratamiento específico a datos e informaciones importantes de la historia. La primera se conoce como Collage; es una técnica simple que implica agregar al texto datos e información que comúnmente no se ofrecen al lector, como mapas, alfabetos, cartas, dibujos, documentos históricos, etc., todo bajo la intencionalidad de graficar y apoyar la intensión comunicativa del autor.

Un ejemplo es "El señor de los anillos" de Tolkien o "El principito" de Antoine Saint Exupery.

Al fin, el fin. El Dato Escondido; técnica de información que omite datos importantes, con un objetivo expresivo y/o práctico. Es decir, sorprender al lector o encausar su razonamiento a la búsqueda misma del porqué oculto en la información o dato suprimido. Estas dos variantes derivan en dos tipos de datos escondidos.

Primero el Dato Escondido Elíptico; es aquel que no se revela nunca, es decir, su omisión es total, generando la duda de principio a fin, pero que no impide satisfacer al lector, que, pese a la falta del dato, tiene la alternativa de responderse así mismo con todo lo que ha leído.

El minicuento de Augusto Monterroso es válido para ilustrar este tipo de dato escondido: Cuando despertó, el dinosaurio todavía estaba allí.

Fíjate que algo no se dice, ¿Quién despertó? ¿Dónde lo hizo? ¿Por qué hay un dinosaurio? Pues el dato escondido elíptico, nos impide encontrar una respuesta para cada una de las preguntas, pero no es imposible resolverlas por nosotros mismos. Vamos, anímate y respóndete tú mismo estas interrogantes.

El Dato Escondido Hipérbaton es el otro tipo; es aquel donde se omite el dato provisionalmente. En este caso, la información oculta será revelada al concluir el relato o en algún momento oportuno. El objetivo, el efecto sorpresa, el deslumbramiento que causa al lector quien puede creer una cosa y descubrir otra diametralmente inversa, en cuanto se le dé la información suprimida.

Aprovechemos otro minicuento como ejemplo, este es mío –sí, déjame hacer un poco de propaganda a mi favor– y se llama "Suicida", dice así:

Se notaba abatida. Su vida era un ciclo pedante, llevado y traído por el destino. Una ráfaga de viento secó sus ojos aquel día tormentoso. Decidida, descendió lo más que pudo. Sin despedirse de sus hermanas, antes que comenzara el diluvio, La Gota, se precipitó contra el Arca.

Cuál es el dato oculto durante toda la narración, pues la identidad de la presunta suicida. Todo el tiempo es posible que creyeras o pensaras en una mujer o una jovencita, pero en el instante en que te revelo que es una gota, te toma de sorpresa, ¿verdad? De eso se trata.

Ahí está el arte; puedes aprovechar todas las técnicas que existen, pero recuerda que tu creatividad no debe limitarse a ellas, si tienes necesidad de expresarte de manera distinta, invéntate esa forma y habrás creado una nueva técnica narrativa.

SEGUNDA PARTE

(Géneros, Herramientas y Recursos Dramatúr-
gicos)

¿Qué es Dramaturgia?

Como todo concepto complejo y abarcador, existen tantas definiciones como autores la estudian. Yo he decidido tomar aquellas que se corresponde al uso más actual y práctico, a efectos de nuestros intereses como escritores de dramática-narrativa de ficción.

En primer orden, Dramaturgia; es la acción y efecto de crear, componer, escenificar y representar un drama, convirtiéndolo en espectáculo teatral. Yo preferiría decir, espectáculo escénico. Esta es una primera acepción, básica para entender que la dramaturgia abarca desde las obras literarias representables, hasta la representación propia de dicha obra; drama al fin.

La dramaturgia nace con la creación, con la primera idea que brilla en la mente del dramaturgo, del escritor. Luego esa idea se completa y elabora al punto de detalle, resultando una composición literaria lista para ser llevada a escena, es decir, el momento de la composición. Le sigue el montaje de esa obra, que implica no solo la preparación de los actores, también incluye escenografía, luces, audio, vestuario, maquillaje, etc. Concluimos con el momento más esperado, la materialización del drama, es el momento de la representación.

Es también la actividad creadora del dramaturgo y el conjunto de su producción literaria. Desde luego, que el hecho de crear dramas y obras dramático-narrativas, es hacer dramaturgia, que sea buena o mala, eso lo dirá la historia, pero en definitivas significa que lo que hacemos, que lo que creamos, es dramaturgia.

Desde el punto de vista estructural, interno, orgánico, la dramaturgia, es la sucesión de acontecimientos basados en una técnica que apunta a proporcionar a cada acción una peripecia, un cambio de dirección y tensión. Pues de eso se trata, el dramaturgo conoce de aquella técnica que le permite ofrecer a la historia que narra mediante acciones y personajes, el atractivo y fuerza expresiva necesarios en función de un drama conmovedor y apasionante. La peripecia, el cambio de dirección, la tensión, son virtudes que un buen drama maneja; su ausencia habla de una obra en la que se nos cuentan varios hechos relacionados entre sí, pero sin ningún atractivo más allá de esos hechos fríos y forzados. La dramaturgia, favorece con sus recursos y técnicas los cambios positivos y enlaza los acontecimientos y personajes para orientar a los espectadores sobre el sentido de lo que están viendo. Y esta definición es básica, toda vez que la dramaturgia no solo es aplicable al teatro, por ello hablábamos de espectáculo escénico, ya que el ballet y la danza en general, los espectáculos musicales, las representaciones circenses, los carnavales, los desfiles de moda, la ópera, etc., también se sirven de la dramaturgia para que el público asistente a dichos espectáculos, comprenda lo que se muestra.

Yo quisiera concluir con una definición que no sabría decir cuál es su verdadero autor ni desde donde viene, pero la aprendí con mi maestro Felo. El insistía y con razón, en resumir a la dramaturgia, como el arte de atraer y mantener la atención de los espectadores-lectores. De toda la bibliografía que me he leído al respeto, en ningún caso, pude encontrar una definición tan exacta y abarcadora, que expresa la esencia de este arte, de esta ciencia. Es tan simple como la propia definición. La dramaturgia ha estudiado las diversas maneras de seducir al público, de engancharlo a la primera y después no dejar que su interés por la obra, decaiga. Para eso no solo ha profundizado en las estructuras de las historias, ha ahondado en temas como los personajes, las escenas, los diálogos, incluso los narradores y el lenguaje. Como resultado, veremos en esta parte de la guía otra mirada a muchos de los temas que recién discutimos y les sorprenderá cómo la dramaturgia va más adentro de ellos y extrae lo mejor, para que el dramaturgo, el creador, el escritor de dramática-narrativa, sea preciso en sus creaciones, cuente con herramientas prácticas y efectivas, que logren garantizarle un público curioso de principio a fin, presto y ávido de descubrir lo que le espera en escena.

La dramaturgia al integrarse a la narrativa en este nuevo género que hemos llamado dramática-narrativa o narrativa-dramática, da igual, no puede dejar de estudiarse.

Ahí está el arte; el drama ha aportado sus conocimientos a la narración y viceversa, por tanto,

nuestros lectores, que fuera del libro, eran espectadores, ahora encontrarán bajo el mismo código,
dos propuestas.

¿Cuáles son los géneros dramáticos?

Ya habíamos visto algo sobre los géneros dramáticos, pero solo pasamos revista. El objetivo de esta conferencia es profundizar, definirlos y comprender la esencia orgánica de ellos. Existen otros conocidos como géneros menores, pero, de momento no aportan nada significativo a nuestros intereses. Aun así, te los enumero: Auto sacramental, Paso, Entremés o Sainete, Loa, Sketch y la Pastorela. Por la parte musical: Ópera, Opereta, Zarzuela y Revista musical. Ahora echemos manos a los que nos importan.

Lo primero es visualizar los dos grupos en los que se dividen los géneros dramáticos: Realistas y No Realistas. Iremos como de costumbre de uno en uno. Los Realistas desde luego son aquellos que imitan o reflejan la realidad tal y como la vemos o conocemos, pero sin llegar a ser esta.

Comencemos con el primer género realista:

La Tragedia; representa el conflicto del hombre contra dios, la naturaleza o el destino. La acción es padecida por personajes ilustres que sufren acontecimientos dolorosos, conmovedores o fatalistas. Estos hechos son capaces de producir en el receptor, una crisis cuyo desenlace será la catarsis, es decir, una especie de explosión que genera limpieza interna y purificación. El final resulta en la destrucción física, moral y/o psicológica del protagonista.

Sí, ya hemos dicho que los géneros se han mezclado, pero partir de los géneros puros como se plantearon alguna vez, nos aclara el camino.

La tragedia es eso que acabo de decir. Es una definición que obedece a variados criterios. Cuando afirmamos que este género trata sobre los conflictos del hombre «Contra Dios, la Naturaleza o el Destino», nos referimos a que por lo general un drama de este tipo muestra a ese ser humano enfrentándose a fuerzas que lo superan, ya sean divinidades, como los dioses, no importa cuál, o en una lucha sin paz contra una naturaleza implacable, así también, contra los vientos indomables, impredecibles de un destino que parece ser manejado por caprichos de un ser sobrenatural, destino encarnado muchas veces en La Suerte.

Los personajes de las tragedias en efecto son

personajes Ilustres o Carácteres, no por referirse a personajes de cierto estatus social o poder, no es eso, sino personajes que, dada sus características, su complejidad como tales, sobresalen, o califican como ideales dentro de su grupo. Ahí tienes Al Quijote o Sancho, a la enorme familia de Los Buendía, a la facilona de Emma Bovary o los, mega inocentes, casi tontos, de Romeo y Julieta. Podríamos citar más ejemplos de grandes obras trágicas, pero lo que interesa ahora son los personajes, ¿son ilustres o no? Lo son. No solo por ser quienes eran, o por pertenecer a obras paradigmáticas, sino porque dentro de sus historias, en sus contextos, destacan, sobresalen por encima el resto de la comunidad de personajes que conviven con ellos. Son personajes complejos y harto caracterizados. A eso nos referimos con el término de Ilustres o Carácteres y que estudiaremos más adelante.

Desde luego, en una tragedia, los hechos son consecuentes: Trágicos, que implican dolor, conmoción, tristeza y hasta calamidad. Acontecimientos que acarrean la destrucción física, en caso de muertes o moral y psicológica, si hablamos de personajes frustrados, desacreditados, encarcelados, enloquecidos, deprimidos, abandonados, etc.

La tragedia causa tanto en los personajes que la padecen como en los lectores y/o espectadores, una crisis, que es la acumulación de conflictos, de problemas que llevan al borde del colapso. Cuando la crisis termina, sea positivo o no su saldo, ocurre lo que llamamos, Catarsis; es aquella purificación mental, espiritual, emocional y física, que libera al cuerpo del miedo y la crueldad, o como decían los griegos Phobos (miedo) y Anaideia (Crueldad).

En su libro "Manual de Dramaturgia", el Dramaturgo y Escritor, Tomás Urtusástegui agrega: Los géneros tienen una función en relación al ser humano. Virgilio Uriel Rivera los ordena del siguiente modo: "La tragedia sirve para sublimar. Dignificar el espíritu, elevarlo, encumbrarlo, exaltarlo, enaltecerlo. El protagonista sucumbe por agredir o defender los valores absolutos. El final de la tragedia es desafortunado ya que el protagonista termina destruyéndose o siendo destruido".

Ejemplos de tragedias ya dije algunos, pero hay más.

La Comedia; aborda un híbrido de conflictos, como: «Contra uno mismo»; «Contra la sociedad»; «Contra nuestra pareja o familia». Generalmente padecen la acción personajes Tipos, sometidos a situaciones risibles y confusas, que transgreden la moral y/o la ley, en consecuencia, son castigados con alguna condena denigrante, vergonzosa, absurda, que desemboca en un final feliz, provocando la risa en los espectadores, con el objetivo de transmitir una enseñanza moral.

Existe un amplio vitral de temas sociales, morales, espirituales e incluso psicológicos que aborda la comedia. No en vano, es uno de los géneros más explotados, dada su virtud de educar desde la diversión. Podría decirse que la comedia desde ese ángulo, un primo hermano de la obra didáctica; logra con mucha sencillez y armada de los recursos de lo jovial y agradable, convencer, mostrar y movilizar el pensamiento de los individuos.

Los personajes Tipos de las comedias, suelen perdurar en la memoria histórica, se transforman en una suerte de fósiles artísticos que incluso superan la fama y el reconocimiento de sus creadores;

muchos de los cuales, por antonomasia, asumen el nombre de esos personajes.

Recursos como; hechos absurdos, burlescos, humillantes, denigrantes, las reiteraciones de frases, sucesos, las coincidencias, casualidades, los vaivenes en los destinos de esos personajes Tipos y el empleo del sarcasmo, la sátira, la jarana, los chistes a propósitos, refranes risibles y frases ingeniosas, suelen acompañar este género de los grandes públicos.

Dañaría la diversión de la historia representada en una comedia, los finales tristes, amargos, fatales. El objetivo es aleccionar al público por medio del personaje, que, tras salvar el castigo por su imprudencia, mala fortuna o negligencia, saldrá redimido y convencido de no reincidir en el mismo error, a menos que el autor intente mostrar a un personaje que no aprende pese a la experiencia, caso en el cual, se apuntalaría la comicidad de esta figura para futuros dramas. Por tanto, los finales de las comedias –históricamente– han sido felices. Acoto históricamente, para dejar siempre abierta, la posibilidad de que exista otra visión de la comedia.

No obstante, una comedia que concluya en tragedia, ya puedes imaginar hacia qué rumbo giran sus
velas; La Tragicomedia.

Recurro otra vez a Tomás Urtusástegui, quien
a su vez cita a Virgilio Uriel Rivera (en lo adelante
volveremos sobre estos dos autores cómo Los Dos
Citados) quien dijo que "La comedia, sirve para mo-
ralizar. Aleccionar, reprender, amonestar, corregir,
reconvenir. El protagonista queda en ridículo ante
la sociedad. El final de la comedia es afortunado
porque el protagonista termina reconciliándose con
su medio".

La Pieza; género donde a un personaje Ilustre
o Carácter se le presentan situaciones límites que
encarnan un conflicto «Contra él mismo y sus pasiones». Éste lo advierte y reconoce, pero no necesariamente –casi nunca– implica un cambio interno
en él, resultado que obedece, por lógica, al no enfrentamiento o evasión del conflicto.

Henrik Ibsen, sería un clásico autor de este
género con Casa de Muñecas. Una obra donde la
protagonista, Nora, evita enfrentar su verdadero
conflicto y opta por abandonar el hogar y a sus hi-

jos. De esto se trata la pieza, de ir a fondo en los desencuentros internos de la personalidad.

Los personajes son Ilustres o Carácteres, que como ya he definido por lo breve, son personajes sumamente complejos y que traeremos a tema más adelante.

Se enfrentan acá a situaciones límites, situaciones que representan para ellos enemistarse con sus propias costumbres, creencias, realidades. Significa, por tanto, un conflicto con sí mismos y sus pasiones, aquello que tanto han defendido y construido. Resulta, por ende, demasiado engorroso, desilusionador, frustrante, romper con todo un sistema, un basamento de vida y por ello la mejor opción es evadirse, huir, no enfrentar el conflicto, ignorarlo o simular que no existe, pero eso sí, sabiendo que está presente y que los hace padecer, como personajes.

El hecho de no ofrecer respuesta defensiva u ofensiva al conflicto, se traduce además en un personaje que no está dispuesto al cambio, esa es su única resistencia real, no se da la oportunidad de transformarse y con él, cambiar el entorno y contexto. Podría hablarse incluso, que, en la pieza, la verdadera lucha es por no evolucionar, es una praxis de conservación a ultranza que opera subrepticiamente, movida por el miedo e incapacidad del personaje o incluso sin motivos de peso, simplemente el personaje no se permite cambiar.

Siguiendo con Los Dos Citados: la pieza sirve para ubicar. Situar, asentar, afirmar, asegurar al individuo, llevarlo al reencuentro consigo mismo. El protagonista toma conciencia de su desubicación con el medio y se ubica consigo mismo. El final de la pieza es siempre desafortunado porque rompe la relación del hombre con su medio.

Ahora abrimos puente a la otra orilla del género dramático, los No Realistas; donde los sucesos entran en una categoría de ser lo menos probable que pueda ocurrir. No obstante, la realidad continúa marcando referencias en función de la verosimilitud y que garantice la credibilidad y funcionalidad de estos dramas no realistas.

Inicio con la Tragicomedia; género que tengo en mi marcador de favoritos, pues aborda el conflicto de un personaje –por lo general– Tipo, enfrentado a «Dios, la Naturaleza o el Destino», también «Contra la sociedad» y en otras ocasiones, «Contra la pareja o familia». Acá se combinan entorno a este enfrentamiento, elementos risibles y trágicos, que desembocan siempre, como en la tragedia, en la destrucción física, moral y/o psicológica del protagonista y buscan transmitir una enseñanza.

Aprovecha el género, los personajes Tipos, partiendo de la premisa de relatar hechos jocosos, necesidad que esta categoría de personajes sabe satisfacer con garantías.

Como ves, existen prácticamente una trilogía de conflictos que asume la tragicomedia, de los cuales saca provecho daba la variedad de temas afines que encuentra en ellos, permitiéndole un tránsito seguro de la risa a la conmoción.

Es justo esta capacidad de demudar la historia de uno género primo –comedia y tragedia– al otro, lo que la califica como tal y la singulariza. Goza además de amplia aceptación y desarrollo, gracias a que esta genial mezcla del humor y la tragedia, permiten maniobrar con la tensión del drama, en un vaivén exquisito, donde las altas tensiones que experimenta el espectador se encuentran en las acciones trágicas y las bajas en las cómicas.

Como buena tragedia al fin, el drama concluirá con la destrucción física, moral y/o psicológica del protagonista, cierre que luce la historia y genera la beneficiosa catarsis, para ofrecer, además, la enseñanza que subyace en la historia.

La escena cubana, va sobrada de ejemplos, desde «Contigo, pan y cebolla» hasta «El Premio Flaco» y otras más.

Volvemos sobre Los Dos Citados que, a propósito, nos dicen: La Tragicomedia sirve para dar conocimientos. Instruir, aleccionar, informar, enterar, dar ejemplos al individuo y a la sociedad. El protagonista va hacia una meta determinada que debe o no alcanzar, superando los obstáculos que se le pongan enfrente. El final puede ser afortunado o no, pero siempre es relevante por mostrarnos a un héroe.

El Melodrama; de los más trillados, es un género que se decanta por el conflicto «Contra la pareja o familia», con personajes Tipos, muy simples, absortos en los asuntos de la cotidianeidad y los embrollos amorosos. Con una tendencia, casi psicópata, por cosechar respuestas emocionales, muy sobre la piel, apoyado en situaciones simples que son complejizadas fácilmente y la música –de ahí lo melo–, todo ello para generar un placer inmediato y efímero en el espectador.

El melodrama desborda las televisoras comerciales de la actualidad, es el género predilecto de los medios de difusión masiva, goza de la preferencia de grandes públicos y en consecuencia es altamente rentable y lucrativo. En esta medida, pierde seguidores del otro lado, el de los dramaturgos y escritores, dada su naturaleza, cada vez más desgastada.

Nos encontraremos a personajes poco elaborados, en cuanto a personalidad se refiere, planos, que suelen representar sí o sí al bien o el mal. Son personajes de blanco y negro, sin tonalidades, que actúan más que previsible, instintivamente.

Sus conflictos se relacionan a los hechos diarios y domésticos, vemos la vida familiar y de pareja, a venas y arterias abiertas, con sus más que conocidas dificultades, chismes, traiciones, acuerdos, omisiones, peleas, escenas eróticas, romances y frustraciones diarias.

Estás mismas temáticas propician el floreci-miento de sensibilidades superficiales y emociones básicas de placer en los espectadores, que una vez concluida la exposición a este drama, desapa-recen. Son muchos los melodramas y muy poco los que echan raíces en la memoria colectiva.

Desde luego, Melo viene de canto o música y se combina con drama, algo así como drama de canto o música, no drama musical, que es muy di-ferente. Y esto se debe a que el género desde su nacimiento incorporó la música instrumental para apoyar o resaltar sus pasajes sentimentales, exa-gerando las reacciones emocionales de los perso-najes ante las acciones de otros.

Regreso a la cita que asegura: El Melodra-ma sirve para divertir. Entretener, recrear, distraer, deleitar. El protagonista triunfa o sucumbe median-te sus cualidades. El final puede ser afortunado o desafortunado, pero es gratificante porque eleva los sentimientos positivos sobre los negativos.

Al fin llegamos a la Farsa; siempre la última,

la pobre, literalmente, por eso, como decimos en Cuba, ríe la mejor. Género con absoluto gusto por el «Conflicto por el conflicto en sí», «Contra la sociedad» y «Contra la pareja o familia», donde enfrentan personajes Tipos, extravagantes y raros, envueltos en hechos exagerados que intentan amplificar y denunciar realidades concretas, valiéndose de la sátira y el sarcasmo.

Proveniente del latín: facire, es decir, relleno, era justo esa la función de la Farsa en sus comienzos, cubrir los breves espacios intermedios de los dramas serios –como la tragedia– con una representación humorística. Hartados de los moralismos de los géneros hegemónicos, el público comenzó a mover su interés a la Farsa, que levantó su voz crítica contra el discurso eclesiástico de la época y era considerado el género de los pobres.

Y he iniciado con este flashback histórico, valga la redundancia, porque esclarece la definición. Como aprecias, la misión de la Farsa era divertir con humor a los espectadores durante los intermedios y aprovechaban para burlarse de los políticos, la iglesia, nobles y burgueses.

Pensarás que esto mismo hace la comedia, pero hay una característica muy singular que las diferencia y es que la Farsa, se apoya en la exageración de los hechos, emplea una suerte de lupa dramática para maximizar los acontecimientos y denunciar con ellos una realidad. Y es esta otra diferencia, la comedia critica someramente, pero la Farsa no se conforma y denuncia a fondo, a partir de esa exageración de los hechos, las verdades que muchas veces nadie más se atreve a denunciar.

Sus personajes son consecuentes y por ello califican entre los personajes Tipos y en tanto sean raros y exagerados los hechos que padecen, así serán ellos de raros y exagerados. Por eso se habla del refinado uso de la sátira y el sarcasmo, sin despeñar en lo grotesco y absurdo, lo que convierte el camino de creación de este género dramático en un andar sobre filo de navaja.

He de concluir así, con la ya, clásica cita: La Farsa sirve para mostrar otra realidad. Descubrir, confesar, revelar, desnudar, revestir, denunciar, estudiar, inventar, explorar, fantasear, embellecer.

El protagonista se desnuda y muestra otra realidad diferente –la redundancia no es mía, es falla de origen, pero válida–. El final puede ser afortunado o no, pero es impactante ya que nos revela otra realidad.

¿Cuál es el método dramatúrgico?

Existen tantos como escritores-dramaturgos hay. Creo que este ha demostrado su validez y te funcionará perfectamente para definir el rumbo de la obra que pretendes relatar.

Lo primero es pensar en un Tema; es decir, lo que trata el drama, su esencia o base. Desde luego, se trata de temas de humanidades; los científicos, geográficos, tecnológicos, etc., son para la academia. Por tanto, qué temas puedes abordar, observa esta escueta lista:

- Amor
- Amistad
- Aborto
- Homosexualidad
- Hambre
- Soledad
- Violencia
- Vejez
- Poder
- Libertad

Tienes a tu disposición todos los temas que quieras, solo debes extender la mano y tomarlos.

Cuál es el tema de Romeo y Julieta, pues el amor, evidentemente. El de Madame Bovary, la infidelidad o tal vez, los falsos conceptos sobre el amor. El Viejo y el mar, el valor del hombre, quizás, la soledad. Lo cierto es que el único que puede saber a libro abierto, el tema de una obra, es el autor, los demás solo podemos especular.

Tú debes escoger un tema. Cada obra parte de un tema, que será su columna vertebral, de él se desprenderán –si es de tú interés o de acuerdo a la estructura de la obra que escribes– cuantos Subtemas desees y que se relacionen con el principal, sin desplazarlo, es sólo para enriquecerlo.

Hagamos un ejercicio para ir aplicando el método que te propongo y comprobar su factibilidad.

Supongamos que nuestro tema es la muerte. Qué opinas sobre este tema, qué te motiva o te preocupa de él. En mi caso creo que la muerte es una pérdida de tiempo, es construir sobre arenas movedizas. Echar por la borda toda nuestra experiencia de vida, hacer o deshacer para nada. Sobre el pretendo escribir y como subtemas, escojo: la familia, el amor, la amistad, el trabajo, el poder y la guerra. Sobre cada uno de estos subtemas a su vez, tengo una opinión. Esas opiniones sobre el tema y los subtemas, se denominan Tesis y Subtesis, respectivamente; es nuestro punto de vista basado en argumentos consistentes que luego se han de demostrar en la acción.

Avancemos en el ejercicio:

Tema: La muerte

Tesis: es una pérdida de tiempo, un retroceso.

Subtemas:

• La familia (SUBTESIS): es la última esperanza del hombre.

• El amor (SUBTESIS): no existe, es una falacia.

• La amistad (SUBTESIS): tampoco existe.

• El trabajo (SUBTESIS): es lo más importante, la misión principal de la vida.

• El poder (SUBTESIS): está siempre en las mismas manos.

• La guerra (SUBTESIS): es el estadio más grave de degeneración humana.

Así se va levantando de a poco nuestro trabajo. Vemos más despejado el horizonte, incluso tenemos una idea de hacia dónde vamos y qué queremos. Qué le sigue, la Antítesis; la respuesta opuesta a la Tesis, cuyo presupuesto es contradecirnos. Significa entonces que la Antítesis plantea lo inverso a la Tesis y hace una oposición férrea y permanente. Veamos un ejemplo, siguiendo el ejercicio.

Antítesis: la muerte es una necesidad, renueva y desarrolla.

Como ves, este matrimonio mal llevado, pero indisoluble, contribuye a fortalecer la obra. Si no hay una fuerza opuesta, no hay conflicto y sin conflicto, simplemente, no hay lugar al drama.

Tanto la tesis como la antítesis, deben ser contundentes, el autor, tiene que comprometerse con su tesis y defenderla, tiene que estar convencido de ella para convencer al público. Sin embargo, no es recomendable imponerla, el buen escritor, sabe cómo convencer. Eso sí, tu tesis siempre debe ganar y si en el camino te das cuenta o te dejas convencer que la antítesis ganará, entonces, cambia todo, asume la antítesis como tesis y continúa por ese camino hasta el final. Eso también es aceptable, recomendable y, sobre todo, inteligente.

Lo mismo la tesis como su antítesis, tienen sendos representantes, es decir, los personajes que encarnan la defensa de ese criterio que proponemos y su opuesto. Hablamos del Protagonista y Antagonista, respectivamente. Ambos mueven y padecen la acción que genera el conflicto principal. Por consecuencia, solo con este rápido ejercicio que continuaremos desarrollando en breve, aparece el conflicto de la historia. Veamos.

Protagonista: Camilo Vega, joven pobre y campesino, muerto tras caer prisionero de una guerra en la que se negaba a participar y fue obligado a servir en el ejército por su propia familia, además, cayó prisionero por delación de unos de sus compañeros de combate que trabaja de espía para el enemigo.

Antagonista: Sor Lucía de la Concepción, monja caritativa, que acoge a prófugos y refugiados de la guerra en su convento. Muere, en sustitución de una mujer embarazada con la que trabó amistad y que compartía parecido físico con ella.

Ahí lo tienen, uno se opone diametralmente al

otro, uno no acepta la muerte, le teme, la evita, otro la acepta y espera. Uno repudia a su familia que lo obliga a marchar a la guerra y no cree en la amistad por las traiciones sufridas, el contrario, ama la familiaridad y compartir con los amigos.

En conclusión, es muy sencillo. Claro que las subtesis tiene la correspondiente subantítesis. Cada uno con sus representantes: coprotagonistas y coantagonistas.

Ahí, está el arte; con este método puedes arrancar, sentar las bases de la obra dramático-narrativa que pretendes iniciar. Este te evita tropiezos y arrancadas en falso, además garantiza un recorrido estable de principio a fin.

¿Con qué recursos, escribo mi drama?

Hay varios recursos dramáticos que puedes llevar contigo a la fragua de dramas, que seguramente será ese espacio escogido previamente para crear y componer tus obras. Disponemos de los recursos técnicos siguientes:

- Los conflictos
- Personajes
- Diálogos
- Escenas (no es objetivo de este acápite)

Cada uno de ellos te armará de lo necesario para tu obra. Pasemos una mirada –por el momento– superficial sobre ellos.

El Conflicto Dramático; es el motivo de la historia, que vincula a Protagonistas y Antagonistas en un enfrentamiento entre fuerzas equivalentes, de alguna manera, y que su solución puede ser posterga, resuelta o multiplicar el conflicto por la aparición de un conflicto superior.

Siempre se ha dicho que sin conflicto no hay drama, yo diría que no existiría literatura, ni ficción, ni vida. La palabra conflicto no implica necesariamente una interpretación negativa, como estamos acostumbrados, el conflicto es de hecho muy positivo, es como los medicamentos o tratamientos médicos; invasivos, amargos, dolorosos, extensos, pero sanadores.

Para qué pondríamos en escena a dos personas que estén de acuerdo en todo. Donde lo que diga, ordene o niegue uno, lo acepte de plano el otro. Incluso cuando estamos de acuerdo con lo que nos proponen nuestros semejantes, existen matices, muy singulares, personalísimos, que marcarían nuestra respuesta de aceptación o adhesión.

Imagina que dos personas, A y B, están de acuerdo en ser pareja, en que están enamorados, que deben compartir la vida. B propone ser novios y A acepta pero quiere, además, casarse lo antes posible. B piensa que es muy pronto que necesitan más tiempo. A inmediatamente duda sobre el amor de B y este cuestiona la madurez de A: A insiste, B se resiste. A se molesta, B se desilusiona. A se obstina y agrede a B, este finalmente abandona la relación.

Ahí tienen un buen conflicto, ahí pueden ver cómo hasta de una concertación tan pura y en apariencia sin conflictos como el de dos individuos enamorados, realmente enamorados, resultan diferencias.

Podríamos llegar a una conclusión y es que ya sea de forma o de fondo, en cualquier acuerdo, siempre habrá diferencias, porque diferentes somos los que tomamos acuerdos, aun siendo semejantes. Sobre esa plataforma, se sostiene la existencia más que necesaria del conflicto dramático. Plantéate un conflicto entre dos personajes una vez que has escogido tu tema, y verás cómo nace una gran historia, un verdadero drama.

Son cinco los Conflictos del Drama, muy fáciles de aprender. Todo lo demás que te diga, es solo para ampliar, porque son estos, explícitos por naturaleza. Míralos en esta lista primero:

• Contra: Dios, la Naturaleza y el Destino.

• Contra: Nosotros mismos y nuestras pasiones.

• Contra: La Pareja o Familia.

• Contra: La Sociedad.

• El Conflicto por el conflicto en sí.

¡Qué decir de los Personajes? Sin ellos quién

cargaría con la historia, quién movería y padecería ese conflicto, quién iría tras una solución, quién demostraría nuestra tesis sobre el tema elegido.

Harto hemos hablado sobre este recurso imprescindible de toda obra dramático-narrativa. En dramaturgia, esta figura tiene una atención especial. Los dramaturgos han ahondado con eficacia en la composición y naturaleza de los personajes, que, al ser, productos de la ficción, comparten características de las personas o seres humanos, así como objetos, animales, platas o seres imaginaros, pero al mismo tiempo, poseen, dado su carácter ficcional, aristas muy singulares.

De este estudio detalle, ha resultado la descomposición y clasificación de los personajes, de manera tal, que en la práctica es muy sencillo construir personajes funcionales, creíbles, verosímiles. Además, continúan creciendo y caracterizándose, permitiendo una consecuencia con el tema, la tesis y el conflicto planteado por el autor.

Los personajes se clasifican de la siguiente manera:

• Personajes Siluetas

• Personajes Tipos

• Personajes Carácteres o Ilustres

Nos queda el diálogo, tan importante, que existen especialistas en la creación y desarrollo de este recurso dramático, llamados: Dialoguistas. El diálogo constituye el mayor por ciento de las escenas, este recurso –que no abordaremos en este acápite, porque sinceramente ya no tengo más nada que aportar al respecto– recurre casi en su totalidad al diálogo entre personajes, llamados a escena por un conflicto. La escena, sería un contenedor de diálogos y ambos en simbiosis, son el clímax dramático, es ahí donde el dramatismo alcanza su expresión capitolesca.

El diálogo responde de forma directa a la caracterización de los personajes y estado o situación en que se desenvuelve la escena. A ello le denominamos colores del diálogo, veamos esos colores:

• Geográfico

• Profesional u Oficio

• Edad

• Época

• Sexo

- Familiar

- Cultural

- Social

- Poético

Ahí está el arte; cada uno de estos recursos de los que hay mucho más que decir, desde la profunda mirada, la meticulosa teoría practicada de los dramaturgos; escritores en definitivas, no pueden ser tomados a la ligera. El rigor de una puesta en escena obliga al creador a pensar más allá de la composición literal y en ello se basa, la obligada regresión a estos temas de los que ya vimos la perspectiva de la Narrativa.

¿Cuál es la naturaleza del Conflicto contra Dios, la Naturaleza y el Destino?

El que esta lista inicie en el conflicto contra dios, la naturaleza y el destino no es indiscriminado. La razón la justifica la misma historia humana, donde se encuentran las fuentes naturales de estos conflictos dramáticos y del drama en sí.

Para iniciar, La Naturaleza. La principal motivadora de las explicaciones sobrenaturales que dio el hombre a ese amasijo de animales, plantas, tierra, aguas, fenómenos y vida. El enfrentamiento original a la cruda naturaleza, a todo lo vivo, la dureza de vivir enfrentados a enfermedades, huracanes, volcanes, nevadas, olas de calor, terremotos, tormentas, sequías, pero también a disfrutar de amaneceres, noches estrelladas, eclipses, lunas cambiantes, mareas y olas, brisas y lluvias de verano, playas cálidas, frutas, plantas medicinales, piedras brillantes y minerales, en fin, todo lo que para bien y aun cuando parece mal, sigue siendo para bien, que da la naturaleza, armó este conflicto eterno, que ha llevado al ser humano a superarse y crecer.

De ese primer conflicto, del hombre enfrentado a su medio natural, surgió la primera respuesta a los fenómenos, y el mundo donde se irguió sobre sus extremidades traseras, fue curiosamente la ficción, la fantasía, las historias dramático-narrativas que a la brevedad adquirieron un tinte religioso. Fue la creatividad del pensamiento humano, la que donó poderes sobrenaturales a personajes intangibles, orales, de tinta y papel, pero verosímiles, como las deidades. Deidades muy bien caracterizadas e interrelacionadas por distintas acciones o hechos, que explicaban de alguna manera el pasado, presente y futuro del ser humano. Es decir, sin el hombre, no existirían los dioses.

La biblia por ejemplo es una de las obras de ficción mejor escritas y en sus páginas encontramos argumentos para sostener lo antes dicho.

Los dioses, fuerzas y seres sobrenaturales, a la vez, regían sobre la vida del hombre y muchas veces se oponía a los deseos e intereses de estos. Quizás algún dios exigía el sacrificio de una vida humana para perdonar a toda una nación y esa persona escogida u obligada a sacrificarse, entraba en conflicto con el dios, sediento. Pero incluso antes que él, ya su pueblo, estaba en conflicto contra el dios, que, según las creencias, los sometía a alguna penuria por desatender las necesidades de la deidad. Como ves, es aquí donde nace este gran conflicto del ser humano y eso reflejaban las tragedias griegas; allá en la maternidad del drama y el teatro.

Anexo a estas deidades conflictivas, se enfrentaba el hombre al destino, ese que muchas veces dictaban los propios dioses o simplemente era una fuerza intangible e independiente, tal vez más poderosa que los dioses mismos, pues en varios casos, estos también se sometían al destino. Esta fuerza sobrenatural, también solía oponerse a los anhelos de los seres humanos y ahí mismo surgía el conflicto, la lucha del hombre predestinado, a cambiar esa realidad que lo encaminaba a un rumbo no grato.

La tragedia es el género que suele abordar este conflicto, donde el protagonista suele salir derrotado.

Ahí está el arte; este hermoso y complejo con-

flicto dramático, alimentó y dio trascendencia al género. Los espectadores y lectores se identificaron
y reconocieron en esas historias, que no eran más
que la emulación ficcional, de la gran ficción humana, que aún vive entre nosotros, en los campos y
las ciudades.

¿Cuál es la naturaleza del Conflicto contra Nosotros mismos y nuestras pasiones?

Firmo bajo la afirmación que este es el conflicto psicológico por nacimiento. Trata de esa lucha interna que todos tenemos en menor o mayor volumen, donde el enemigo somos nosotros mismos o quizás nuestro alter ego. El hecho es que nos enfrentamos a un adversario tan fuerte o más que nosotros. Resulta muy difícil defendernos de nosotros mismos; en primera instancia porque nos resulta difícil reconocer que nos auto flagelamos, en segundo porque después de reconocerlo, es más complejo aún combatirnos.

Este conflicto habla del personaje que sufre fundamentalmente, algún vicio de carácter recurrente. Quiere decir, que el personaje lucha contra un vicio que lo destruye de a poco, y que tiene génesis en su yo interno. El conflicto inicia antes de advertirse el vicio de carácter, antes que ese enemigo interno, que va a todas partes con él, que conoce todo sobre él, que influye todo el tiempo sobre él, se muestre.

Resulta sumamente complejo su tratamiento,

narrativa y dramáticamente hablando, toda vez que estaríamos calzando los zapatos de un psicólogo, psicoanalista, psiquiatra o cualquier otro especialista de salud mental, para trabajar con la psiquis del personaje; principal teatro de operaciones en este enfrentamiento silente.

Otra arista posible de este conflicto, se muestra con betas filosóficas y versaría sobre los problemas, las incomprensiones, las dudas y misterios que el hombre intenta dilucidar sobre su origen, realidad y porvenir, sobre el medio que le rodea. Muchas veces se puede apreciar un híbrido de estas dos caras del conflicto, sobre todo cuando los personajes que mueven y padecen la acción, son personajes ilustres. Es el caso de Ulises de James Joyce, una joya de este conflicto, donde logra la amalgama ideal entre la lucha interna por vicios de carácter y los cuestionamientos filosóficos, que no se alejan para nada de los asuntos terrenales, como muchos creen cuando escuchan hablar de filosofía.

Si fuera a matrimoniar al conflicto contra nosotros mismos y nuestras pasiones, con algún género dramático, escogería la Pieza y si recuerdas o regresas al acápite de los géneros dramáticos, encontrarás la respuesta del porqué. Como imaginarás, acá la lucha termina –casi siempre– derrotando al protagonista; muestra fiel de la realidad, donde hemos perdido amigos, familiares, amores, artistas e inocentes, por la vorágine de los vicios que perturban al ser humano, los desvalora, pierden su identidad y terminan en el mejor de los casos muertos, porque de lo contrario, permanecen mucho tiempo, vagando sin rumbo en una espiral viciosa.

Ahí está el arte; vicios y filosofía, una mezcla rara y volátil que encarna el segundo conflicto dramático.

¿Cuál es la naturaleza del Conflicto contra La Pareja y La Familia?

El más cercano al individuo, el conflicto diario, el que nos acompaña, yo diría, casi siempre para bien. Un conflicto muy abordado por géneros como el melodrama –defensor paradigmático– y también la tragedia, comedia y, en menor grado la farsa.

Aquí es el hombre enfrentado a las personas que ama, lo que complejiza este conflicto. Un enfrentamiento a esos seres que le acompañan y le ayudan a vivir. Precisamente en busca de salvar esos lazos que lo une a dichas personas, nace, muchas veces, el tema de controversia. Desde dos esposos enfrentados al tema de la fidelidad; Un padre y su hijo adolescente, en desacuerdo sobre la educación y el control paterno; Dos hermanos que se disputan el amor de la madre; Amigos de toda la vida, enamorados de la misma persona; Hasta temas sobre familiares con discapacidad física o intelectual.

Es muy difícil evadirse de este conflicto si tratamos con personajes bien construidos. Toda persona tiene conflictos familiares o de pareja, por consecuencia, todo personaje los tendrá también. Significa entonces que en la medida en que sepamos mostrar esa vida íntima, donde está reservado este tipo de conflicto, será más verosímil y creíble nuestro personaje y la historia.

En este género de conflictos, suelen ganar o perder todos, en dependencia del desenlace. Un matrimonio que se separa, pierden los dos; dos amigos que superan el amor y salvan la amistad, ganan ambos; Un padre y su hijo que terminan odiándose por las graves diferencias, pierden los dos...

¿Cuál es la naturaleza del Conflicto contra La Socie-
dad?

Muy pocos pueden ser eremitas, necesitamos de los demás y por esa necesidad casi instintiva, convivimos. Convivir significa tolerar lo diferente y sobre esa base nacen, se desarrollan o destruyen las sociedades. La sociedad crea convenciones, a partir de sus creencias y costumbres, de estas nacen las leyes y normas que contribuyen –o eso se supone– a afianzar la convivencia. Cuando un individuo se separa de esas convenciones, normas y leyes, la sociedad en pleno lo condena. Esa es la génesis del conflicto que ahora tratamos.

Supongamos que eres un joven campesino enamorado de una muchacha, la desposas y se marchan juntos a hacer una vida. Encuentran una parcela de tierra y la cultivan, pero de buenas a primera, llega alguien y los expulsa, porque según la ley, son ilegales. Ese representante de la ley, ordena demoler tu casita y ni siquiera le preocupa dónde dormirás con tu mujer…

¿Qué ha sucedido? Un trillado pero vigente e interesante conflicto. Tú enfrentando a una sociedad que establece una ley que te excluye, te desampara, te maltrata. Vas a la ciudad, con lo poco que tienes, muertos de hambre, tú y tu mujer. Allí los tratan como mendigos, los echan de todas partes, en varias ocasiones les denuncian a la policía, cuando enferman no pueden ir al hospital por falta de un seguro, no sabes ni leer o escribir, nadie te ofrece un empleo porque además de analfabeto eres ilegal. Indignado ante tanta indiferencia de tus semejantes, no ves otra salida y comienzas a robar para comer, luego una banda criminal te acoge en su seno y te transformas en un sicario, un traficante, un capo.

Creo que es muy claro este conflicto. Eres tú, soy yo, somos todos desde nuestra individualidad, desde nuestra condición de minorías o desposeídos, enfrentados a una sociedad de valores y paradigmas estrictos, con leyes injustas que castigan en nombre de la justicia y convenciones estereotipadas o prejuiciosas.

Desde luego es un duro enfrentamiento, complejo, donde el individuo debe transformar la sociedad o al menos dejar plantada la semilla para que las futuras generaciones materialicen lo que él inició. Hay ejemplos de sobra, que buscan mostrar cómo esos grandes personajes de la historia de la humanidad, han legado la sociedad que tenemos hoy en día.

Créeme, por muy convulsa que parezca la vida actual, siempre es mejor que antes, cuando por nacer discapacitado te arrojaban a un acantilado, donde los niños eran fuerza de trabajo, donde la educación era solo para nobles, burgueses y eclesiásticos. Donde matar a un humano era más común que la puesta del sol. Insisto, hoy es mucho mejor y mañana aún más, aunque estemos cerca del final.

Ahí está el arte; Los individuos hacen la sociedad y ella controlan al individuo; los personajes se enfrentan a la sociedad que les da vida.

¿Cuál es la naturaleza del Conflicto por el Conflicto en sí?

El quinto conflicto, el que muchos niegan y de tanto hacerlo lo destacan. Sí creo en él, es un conflicto de naturaleza extraña, que plantea la simple existencia de conflictos sin un antecedente de argumentos sólidos. Es la conflictividad por el mero hecho de confrontar. Se habla de que alguien quiere reñir, pelear o como decimos en cubano: quitarse la picazón y simplemente lo hace.

No hay nada que justifique el enfrentamiento, incluso podría llamarse ridículo. Es de ese tipo de asuntos que luego causan risa cuando al investigar descubrimos la respuesta más absurda: No había motivos para reñir, para pelear, para discutir, pero simplemente ocurrió.

Creo que sí existe, hemos visto muchos casos, claro, es un conflicto muy visceral y efímero, donde la fuerza bruta, la violencia física o de cualquier índole tienen la prioridad, por tanto, no da pie a una historia de larga carrera. Sin embargo, creo que pudiera ser el detonante o pie a otros conflictos.

¿Qué es un Personaje Silueta y un Personaje Tipo?

Un personaje Silueta son esos que cumplen una simple función: cubrir grandes espacios. Cuando necesitamos una plaza concurrida de personas esperando el discurso de nuestro personaje protagónico; un teatro abarrotado de espectadores; un avión con varios pasajeros; una oficina de trámites colapsada por tantos usuarios. ¿Quiénes ocupan estos espacios? Esas personas que no sabes ni siquiera cómo se llaman. Esos mismos son los personajes Siluetas. Veamos un ejemplo:

—¿Entonces es peor de lo que imaginamos? —dijo Hermes Laronte, en plena crisis de imaginación—. Es un ladrón superior, capaz de robar las aves que vuelan.... ¿Y las abejas? —quedó en silencio y propagó el pánico, los apicultores corrieron a las colmenas, minutos después regresaron azorados. El ex cura es un visionario, dijeron, el ladrón superior también se llevó a las abejas.

—Esto es una emergencia —(dijo uno de la multitud).

—Haga algo, Alcaldesa —(exigió otro).

—Tranquilos, vecinos, dispondremos al ejército para custodiar durante la noche todos los corrales, instruiré a la policía para que investigue el hecho y... y...

—Dele más recursos a Aldo para que siga vigilando como hasta ahora —concluyó Sínea y fue aplaudido en masa.

Novela: Aldo contra el Horizonte, de Eduardo Angarica y Ana Mirel Hernández.

Como lo indican los fragmentos entre paréntesis, esos son personajes Siluetas: Uno de la multitud, es un personaje, sin nombre ni descripción, porque simplemente no es necesario, su única función es ser parte de un gran grupo y en contadas ocasiones tendrá a su cargo algún que otro parlamento para expresar dentro de la obra. Nada más que eso.

Los personajes Tipos, como su nombre lo indica; son aquellos que cumplen características típicas, tradicionales, constantes y que resultan fáciles de reconocer. Existen tres subgéneros o clasificaciones de estos personajes:

Prototipo; personaje paradigmático que posee todas las características ideales de su grupo social o cultural. Por ejemplo:

- Sherlock Holmes, el mejor de los detectives.

- Merlín o Harry Potter, los mejores magos.

- El Quijote, el mejor de los locos.

- Emma Bovary, la mejor de las esposas infieles (si se puede llamar así)

Estos personajes, como vez, son los primeros, los mejores, los que encabezan la lista de personajes que cumplen el mismo rol. Si redactáramos una lista de personajes, estos en cada una de sus categorías, serían los números uno.

Tú puedes plantearte construir un personaje que comience a escalar en esta lista, claro que no es fácil, como casi todo en este arte. Para ello no basta con saber qué hacían esos grandes personajes de la ficción, sobre todo, debes plantearte que, dentro de tu historia, tu personaje sea en realidad, el mejor en la función que le has encomendado. Es decir, si construyes un personaje que es militar, pues ese debe ser el mejor oficial del ejército, el más disciplinado, el más valiente, el que domina la técnica, escapa de todas las emboscadas militares y de la vida, en fin, el prototipo de los militares de tu obra.

Arquetipo; son los personajes cuyas características datan de la antigüedad y han trascendido hasta la contemporaneidad. Son personajes con una tradición antiquísima, representan con fidelidad a sus predecesores, aquellos que les dieron vida. Ejemplos:

• Las madres; son maternales, protectoras de los hijos, atentas de la casa y la familia, curanderas por vocación, trabajadoras.

• Los curas, sacerdotes, religiosos; dedicados a la fe, temerosos de dios, aplicados, disciplinados, de una vida frugal, pasiva, pacífica.

• Los militares; de carácter cerrado, disciplinado, obedientes de los superiores, elegantes, firmes, combativos.

Así podríamos continuar citando otros muchos ejemplos, clarísimos todos en apoyar la definición de la que hablamos. En definitivas los personajes arquetípicos, nunca defraudan sus tradicionales características y rasgos, pueden variar por fuera, pero en su construcción interna, moral y psicológica, esas se mantienen prácticamente inamovibles.

Te resultará muy fácil construirlos e identificarlos. Solo debes pensar, cómo son y han sido siempre lo médicos, herederos de Galeno, los maestros, los padres, los abuelos, los amigos, los enamorados, las cortesanas, putas y prostitutas, etc.

Por último, los Estereotipos; personajes con características falsas o exageradas. Un personaje producto de las valoraciones superficiales, las primeras impresiones o los prejuicios. Mira estos ejemplos:

• El Diablo; un demonio rojo, con cola de tridente y cuernos.

• Los chinos; de ojos rasgados, fríos, tacaños e introvertidos.

• Superman; estereotipo de la superioridad masculina.

Como ves, no necesariamente las personas o seres, representados por estos personajes tienen que ser así. Pero son muy provechosos, ellos tributan a los dramas y narraciones una serie de posibilidades expresivas y discursivas increíbles.

Ahí está el arte; Cada uno de estos personajes tienen que ceñirse a la categoría sobre la cual los construyas, pero si alguno se revela, cosa que suele ocurrir en especial en la novela, y rompe con los marcos de sus características, entonces, se transforma, crece y asciende en la escala, para ser un Personaje Ilustre o Carácter.

¿Qué es un Personaje Ilustre o Carácter?

Tal vez el más importante de todos, porque suele ser el tipo de personaje que encarna el rol protagónico, sufre y padece la acción principal, así como, logra echar raíces en la memoria del público.

Yo me acojo en su totalidad a la definición que Tomás Urtusástegui propone sobre este personaje, donde plantea que: es un personaje complejo, con algún vicio de carácter, recurrente, con una trayectoria definida, tanático o erótico, que mueve o padece la acción, que sufre un cambio importante durante su trayectoria, que puede ser cerebral, cordial o visceral, que es contradictorio y aspira a la singularidad.

Como de costumbre hagamos una disección de este concepto y su definición:

• Es complejo: porque no es sencillo –parece más que obvio y hasta risible– varios elementos lo conforman, tal y como vemos en esta larga definición, donde se delinean característica por característica.

• Con vicios de carácter: la exageración, el desmedido gusto por algún placer o actividad, que llega a convertirse en adictivo, marcando y rigiendo la vida del personaje. Es importante, casi todos los grandes personajes de la literatura y la historia, tienen algún vicio de carácter.

• Recurrente: esta característica habla de la repetición del gozo de esos placeres o actividades, que migran de habituales a adictivas, al punto que el sujeto no puede vivir o sentirse cómodo, sin ejercerlas.

• Con una trayectoria definida: constituye la relación de hechos que integran la experiencia de vida del personaje, donde se muestran los inicios y desarrollo de los vicios y sus recurrencias.

• Tanático o Erótico: tanático proviene de tanatología cuya finalidad es curar el dolor de la muerte y la desesperanza con métodos científicos. Las personas tanáticas, son aquellas que sufren el dolor de la muerte o están marcados por ella y, en consecuencia, sus vidas se rigen por el temor a la muerte y en especial, al dolor físico, psicológico, espiritual que esta implica.

Por el contrario, los eróticos solo dan prioridad a la vida, obvian la posibilidad de la muerte y desconocen el dolor que esta trae consigo. No han enfrentado experiencias tanáticas y en coherencia con este modo de vivir, asumen riesgos y actúan de manera, incluso letal, una forma de vida que un tanático jamás imitaría.

Puede que existan personas, grupos e incluso sociedades y etnias, más tanáticas o eróticas, pero soy del criterio que nadie es totalmente uno u el otro, sino que existe una mezcla y un mayor o menor nivel de esta característica.

• Mueve o padece la acción: desde luego, este personaje lleva a cuesta la enorme carga de la historia y dentro de esta la acción principal, convirtiéndose en una suerte de eje o columna para el resto de la obra. Él enfrentará el conflicto principal y en dicha puja, moverá los acontecimientos, en un ir y volver de aciertos y frustraciones, hasta el desenlace.

• Sufre un cambio importante durante su trayectoria: Como lo indica la fórmula de transformación del personaje, en la puja que implica toda acción dramática, habrá un cambio en alguna de las dimensiones del personaje. Este es un punto sumamente importante porque ese cambio en la trayectoria puede ser la causa del vicio de carácter o la recurrencia, pero también puede traducirse como la consecuencia del vicio o recurrencia.

• Cerebral, cordial o visceral: muy interesante, como se definen a las personas y en consecuencia a los personajes en estas tres categorías:

• Cerebral; aquel que decide con frialdad y cálculo, sin influencias de emociones, pasiones y sentimientos, solo acuden a las razones y argumentos. Suelen ser personas pragmáticas y efectivas.

• Cordial; aquel cuyos afectos, sentimientos y pasiones determinan en su comportamiento y decisiones, pasando por encima de la razón o la lógica. Suelen ser personas soñadoras y utópicas, llenas de detalles y amor.

• Visceral; aquel que se deja arrastrar por sentimientos profundos, de los instintos y la carne. Actúa por sobrevivir y renuncia a afectos y razones. Muestra su arista más animal. Suelen ser personas irracionales y primitivas.

• Es contradictorio: Su vicio de carácter, su trayectoria, su porción tanático o erótica, el carácter cerebral, cordial o visceral, todo en su conjunto, atenta contra la coherencia del personaje, que rompe constantemente sus propias normas y esquemas, en ocasiones se desconoce así mismo y actúa de manera contradictoria, impredecible, tal y como ocurre con las personalidades complejas.

• Aspira a la singularidad: Sí, es una verdad capitolesca. Estos personajes no quieren ni pueden parecerse a ningún otro, aunque compartan puntos comunes con algún semejante, buscan y muestran hasta el detalle sus complejidades e individualidades, para alzarse con el título de únicos y de ser posible, singularísimos. Contrario a los personajes tipos, el personaje Ilustre no tiene pareja o igual y justo por su singularidad –de lograr este valor– queda fosilizado en la memoria emotiva y afectiva de los lectores.

¿Qué aspecto atender para construir un diálogo desde el punto de vista dramatúrgico?

Se atienden a varios criterios para construir los diálogos de los personajes. A estos criterios los dramaturgos han denominado, según Urtusástegui, colores, en referencia a la diversidad que matiza el lenguaje:

• Color Geográfico: Hablamos de acuerdo a la región local o internacional en la que se formó nuestra lengua. No habla el mismo español los ibéricos a los latinos. Incluso dentro de España hay diferencias, dentro de Cuba hay diferencias, dentro de Latinoamérica advertimos marcadas diferencias. Esas diferencias se conocen como dialecto.

• Profesional o de oficio: También la formación profesional diversifica el lenguaje, descentralizando la terminología y profundizando en el carácter tecnicista, que toma el vocabulario de las personas. Hablan muy distinto un médico a un campesino. Claro que si ese médico es campesino ahí se complejiza aún más el cuadro lingüístico, si me permiten el concepto.

• Etario: La edad también acompaña la diversidad del lenguaje. El adolescente de 13 o 15 años, habla distinto al adulto o anciano de 40 o 60 años.

• Época: ¿Recuerdas cómo se hablaba en el Medioevo? Tal vez no, pero sin dudas muy distinto a cómo hablamos hoy. Ergo, si construyes personajes enfrentados en acciones que transcurren en una época tan distante como esta, tendrás que investigar cómo hablaban las personas entonces, y así podrás definir el color de ese lenguaje.

• Sexo, género y orientación sexual: Claro, el género está presente en todo. Las mujeres y los hombres hablan distinto, incluso la comunidad LGBTI hablan distinto al resto de los géneros y orientaciones sexuales.

• Familiar: Habla diferente el niño del abuelo o el padre. Dentro de una familia, ninguno de sus miembros, posee el mismo lenguaje.

• Cultural: Sí, tu grupo cultural influye en el lenguaje que empleas. Tus gustos artísticos, tus tradiciones, tu manera de ser y hacer, forma parte de esa mezcla socio-genética y estética que matiza tu habla. Los raperos, roqueros, bohemios, punk, románticos, liberales, anárquicos, cada uno de ellos son diferentes principalmente en su lenguaje. Después de su vestir, lo que más destaca es lo que hablan y el estilo en que ejercen la lengua.

• Social: Tu clase social también define tu lenguaje. El burgués de clase alta o media, hablan diferente a los pobres de clases bajas.

• Poético: Muy importante, también se le denomina color anulante, porque justamente su valor es anular cualquiera de los otros colores, porque habla de la característica que toma el lenguaje cuando la persona decide expresarse poéticamente, es decir, mediante prosa o verso artístico.

En este caso, todos transforman su lenguaje para incorporarse a la autopista del lenguaje literario, ese del que tanto hemos hablado en los inicios de esta guía. Aquí no importa si eres español o cubano, campesino o médico, si tienes 20 o 70 años, si estás en la edad media o contemporánea, si eres hombre o mujer, si eres el niño de la casa o el padre de familia, mucho menos si perteneces a un grupo emo o eres de la generación de la libertad sexual, tampoco interesa si eres un acomodado empresario de la élite económica o un paupérrimo mendigo de los cerros del tercer mundo, nada de ello importa, porque en el momento en que decides hacer arte con la palabra, tu lenguaje sufre la metamorfosis de la poesía.

¿Cuál es la fórmula de la empatía?

¿Qué es la Empatía? La identificación emocional e intelectual con los sentimientos, pensamientos o actitudes de otros. En pocas palabras y en coloquial, ponerse en el lugar de otro.

¿Para qué nos convoca este tema? Para atraer la empatía de los lectores y espectadores. Para que se identifiquen con nuestros personajes y sus acciones y, en consecuencia, les interese la historia, la sientan y padezcan tanto y más que los propios personajes. ¿Cómo se logra esa empatía? Con una fórmula sencilla que explica el proceso básico de la misma.

Fórmula de la Empatía

Sensación + Emoción = Sentimiento

• Sensación; es lo que se percibe por medio

de los sentidos (tacto, olfato, gusto, oído, vista, incluso intuición).

• Emoción; es el estado de ánimo resultante de la reacción biológica que experimenta el cuerpo ante un estímulo externo percibido por los sentidos, así como por la impresión de recuerdos, ideas o experiencias (alegría, placer, euforia, tristeza, desánimo).

• Sentimiento; estado de ánimo resultante del proceso que inicia con las sensaciones, genera, acumula y desarrolla emociones (amor, afecto, amistad, odio, rechazo).

Es fácil de explicar y comprender. Cómo nace el sentimiento de odio, verbigracia:

El sujeto X odia a los hombres. El sentimiento se construyó a base de varias sensaciones y emociones. El sujeto X cuando era pequeño sufrió el maltrato de su padre, este le golpeaba a diario, tenía marcas en todo el cuerpo. Aquí interviene el sentido del tacto, donde el sujeto percibe los golpes por medio de la piel. Además, percibe los insultos del padre por medio del oído y ve el maltrato por la visión. Como vez, intervienen tres sentidos, que envían estas sensaciones al cerebro. Allí se crean reacciones a las mismas: Marcas moradas en la piel, dolor, irritación, posiblemente, sangrado y otras lesiones.

El sujeto creció y en la universidad, sus compañeros lo acosaban. Le gritaban insultos denigrantes y maltrataban. En una ocasión le salaron la comida, además de contaminarla con otros ingredientes, y terminó intoxicado. Fue ingresado en el hospital. Aquí intervino el gusto, que envió la sensación del exceso de sal y otras sustancias al cerebro y hubo una reacción biológica, la intoxicación.

En el ejército sufrió severos castigos y se vio sometido a fuertes ejercicios militares, que le produjeron lesiones en una pierna y una hernia discal. Al iniciar como profesional, su superior siempre lo delegó a las peores tareas, una de ellas fue entenderse con los obreros en huelga, donde sufrió insultos y le lanzaron todo tipo de objetos.

El cúmulo de todas estas sensaciones, que produjeron una cadena de reacciones emotivas, formaron el odio y rechazo a los hombres. El sujeto X encerrado en su experiencia negativa y conducido por semejante sentimiento, una mañana, llegó a la oficina y descargó su arma en el pecho del Jefe.

Este mismo proceso ocurre con cualquier sentimiento, sea positivo o negativo, nuestros lectores, si viven esta misma experiencia, por medio de una narración y dramatización que muestre todos los hechos, donde acuden las sensaciones y emociones, terminará por sentirse identificado con el personaje, sufrirá y padecerá a la par del él y, por consiguiente, odiará, se enamorará, deseará sexualmente o despreciará, tal y como lo haga el personaje.

Ahí está el arte; si muestras hecho tras hecho cómo un personaje vive los acontecimientos, quedará claro para el lector el porqué de los sentimientos de este y concluirá identificado con él y la historia.

TERCERA PARTE
(La Novela)

¿Qué es una novela?

La Novela; es un relato complejo que enlaza varios hechos. Tiene una acción básica de la que se despliegan otras acciones, a las que denominamos, subordinadas, y entre todas narran una historia de vida, más, una historia de fondo. Yo la resumiría como; una emulación dramática-narrativa de la vida, es decir, la vida llevada a la ficción. Mientras el cuento narra un suceso en la vida de un personaje o varios, la novela relata toda la vida o gran parte de ella y la de muchos otros personajes.

Es un relato complejo, precisamente porque implica hacer un recorrido extenso, donde se explotan las posibilidades del narrador, se le lleva al límite, además, se necesita hilvanar cada hecho de esa gran historia de manera coherente y manteniendo el equilibrio de la carga de tensión. ¿Qué es la carga de tensión? Sencillo. El lector sufrirá junto con la historia momentos de mayor o menor tensión, que podríamos ilustrar en el siguiente gráfico.

Como veras, las escenas son de una carga de tensión alta, la expectativa, la emotividad y atención del lector aumenta:

Curvas de tensión

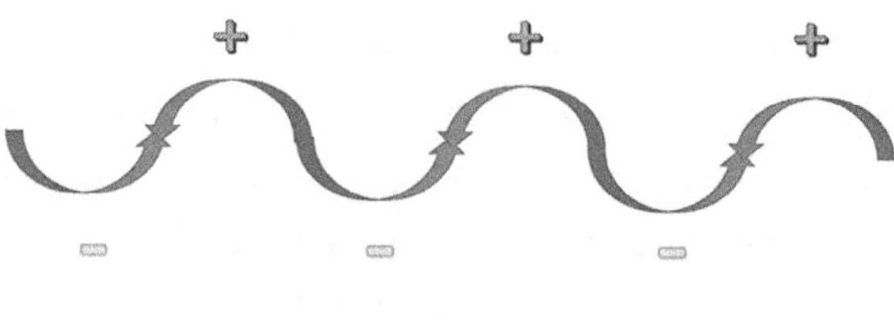

Por el contrario, las narraciones y resúmenes permiten bajar esa tensión, el lector puede descansar. Todo esto hace de la novela, en efecto, un relato complejo, una suerte de títere con muchos tentáculos, que deben moverse todos o casi todos al unísono. En consecuencia, el buen novelista, debe ganar en el oficio de manejar a su títere con extrema exactitud; un movimiento en falso podría desencadenar en pifias y cabos sueltos.

Tiene la novela una acción básica, es decir, la historia principal, que yo entrecomillo siempre, porque en la actualidad, cada lector puede elegir cuál es su historia principal. Esta elección se debe a la empatía que el lector establece con el personaje o personajes de esa historia elegida. No obstante, el creador sí debe tener en claro la historia principal, porque ella sostiene el peso de la novela, en el entorno de esta giran el resto de las historias, que en la definición se les denominan acciones subordinadas.

Las acciones subordinadas, se despliegan desde la principal, son otras historias con algún vínculo con la primaria, que tienen un desarrollo propio, que pueden verse influidas o influir a la acción básica. Tanto la acción básica y las subordinadas, poseen un valor agregado; el mensaje del autor.

Es el mensaje del autor, es esa historia de fondo de la que se habla en la definición del inicio. Es este mensaje, moraleja, enseñanza, consejo, historia subterránea o segunda historia, como se le quiera llamar, la que otorga el valor de arte a la obra literaria que debe ser toda novela. Sin él, no hay novela.

Para comprender mejor este género, adentrémonos en su estructura y una vez más recurrimos al gráfico:

Estructura Gráfica de la Novela

Como ves, la novela tiene una estructura más compleja que el cuento. Partimos de una historia principal, una acción básica, de ellas salen como raíces las historias secundarias o acciones subordinadas. Al fondo, el mensaje, la segunda historia o historia subterránea, esa que no se ve, que está entre líneas, que se deduce de la comprensión que realice cada lector de la obra, mensaje que puede tener la virtud de ser polisémico, es decir, abierto y tolerante de cada comprensión singularísima.

¿Cuáles son los géneros novelescos?

Los géneros de la novela son muchos y se clasifican de acuerdo a varios criterios. Mi interés no es ahondar en ellos o definirlos, sí enunciarlos, sobre todo porque muchos de ya poseen un certificado de defunción y prácticamente nadie los recuerda. Sin embargo, conocerlos es imperativo para la cultura de todo creador y además para no pifiar al proclamarnos descubridores de novísimos géneros. Existen a su vez un sinnúmero de subgéneros, casi siempre muy parecidos a sus géneros maternos, pero con alguna particularidad en cuanto a estilos, argumentos, técnica, etc.

Las clasificaciones en que se agrupan los géneros de la novela son los siguientes:

• Por el tono:

1.   Satírica

2.   Novela Humorística

3.   Novela Didáctica

4.   Novela Lírica

• Por la forma:

1.   Novela Autobiográfica

2.   Novela Epistolar

3.	Novela Dialogada

4.	Novela Ligera

5.	Novela Corta o Novella

6.	Novela Polifónica

7.	Novela de Aprendizaje o Bildungsro-man

8.	Metanovela

• Por el contenido:

1.	Novela de Aventuras

2.	Novela Bizantina

3.	Novela Caballeresca

4.	Libros de caballería

5.	Novela de Ciencia Ficción

6.	Novela Cortesana

7.	Novela Costumbrista

8.	Novela de Espías y Suspense

9.	Novela Fantástica

10.	Novela de Ficción Criminal

11.	Novela Fan Fiction

12.	Novela Gótica

13.	Novela Histórica

14.	Novela Morisca

15.	Novela Negra

16.   Novela Pastoril

17.   Novela Picaresca

18.   Novela Policial

19.   Novela Romántica

20.   Novela Sentimental

21.   Novela social

22.   Novela de Terror

23.   Novela del Oeste o Wenster

• Por el estilo:

1.   Novela Realista

2.   Novela Naturalista

3.   Novela Existencial

4.   Roman Courtois

• Por el argumento:

1.   Novela Psicológica

2.   Novela de Tesis

3.   Novela Testimonio

• Por el público y lector:

1.   Novela trivial

2.   Novela Superventas o Best seller

3.   Novelas por entregas o folletines

Ahí está el arte; hay mucha historia recorrida en la literatura, la novela, si bien uno de los más tardíos géneros, la avala un extenso recorrido de experimentación, frustraciones y también éxitos. Historia hecha fósiles, en esos géneros novelescos.

¿Cuáles son los recursos de la novela?

Disponemos de varios recursos, entre ellos las herramientas que habitualmente emplean los novelistas. Estos recursos son: Herramientas Técnicas; Recursos narrativos y Recursos Dramáticos.

Las herramientas técnicas, nos apoyan en el momento de organizar o armar el gran caos o maremágnum de acontecimientos, personajes, conflictos, escenas, diálogos y resúmenes que comprenden una novela. El novelista de oficio, experiencia en mano y mente, lleva incorporadas estas herramientas, al punto que pasa como un ser sobrenatural del género, pero créeme, alguna vez, por allá en el embrión de su carrera, también tuvo la necesidad de descubrir, estudiar, aplicar y dominar estas herramientas:

• Argumento: es la narración íntegra de un relato –léase; novela, cuento, testimonio o relato en sí– donde se prescinde de detalladas descripciones, escenas y diálogos. Solo interesa responder qué sucede, a quiénes, cómo, dónde y porqué.

Si fuera a escribir el argumento de una novela me tomaría mucho tiempo para este texto, por eso aprovechemos el ejemplo de un cuento, uno infantil "Los tres cerditos". El argumento de ese cuento para niños sería, según yo:

Esta es la historia de tres cerditos, hermanos, de diferentes edades, que deciden independizarse y construir sus respectivos hogares. Desde luego, cada uno tenía un modo distinto de pensar –uno de los principales motivos por los que se decidieron a vivir separados– y emprendieron la tarea de formas diversas. El menor utilizó paja para construir su casa. El del medio aprovechó la madera del bosque cercano. El mayor, en cambio, decidió esforzarse más y construir una casa fuerte, así que la hizo de ladrillos.

Terminadas las viviendas, cada cerdito disfrutaba del confort, cuando apareció por los predios, el Lobo. Los cerditos, corrieron a refugiarse en sus casas, ante el apetito desmedido del lobo. Este llamó a la puerta del primer cerdito y al no poder entrar sopló con todas las fuerzas de sus pulmones y derrumbó la casa de paja. El cerdito huyó a la casa de su hermano. El lobo le siguió los pasos, llamó a la puerta del cerdito con casa de madera, pero ante la negativa de abrirle, acopió aire y volvió a soplar hasta derrumbar la vivienda. Los dos hermanos huyeron esta vez, a la casa del mayor. Allí, pese a estar protegidos por la fuerza de los ladrillos, temblaban de miedo. El lobo fue tras ellos, llamó a la puerta y estos se negaron a abrir, el lobo sopló y sopló, pero la casa resistió, el lobo volvió a intentarlo y nada, así que decidió cambiar de estrategia. Miró al tejado y vio la chimenea. Por allí intentó infiltrarse en la casa. Los cerditos, rápidamente pusieron agua a hervir dentro de la chimenea y cuando el lobo entró, no pudo evitar caer en el agua caliente y salió adolorido y quemado, sin poder comerse a los tres cerditos.

• Hoja de vida: es una herramienta para la construcción de personajes. En ella definimos las tres dimensiones de los personajes de nuestra novela —dimensión psicológica; dimensión biológica o física; dimensión social—. Además, comenzamos a plantearnos las tres vidas del personaje: La vida pública, privada o íntima y la secreta.

• Escaleta; es una herramienta de planificación de grandes relatos, como la novela; donde se narran largos períodos de tiempos, acontecen variados hechos y se relacionan muchos personajes. La escaleta te permite trazar pautas de tu narración.

Muchas veces sabemos de una sola vez todo lo que va a ocurrir en nuestra novela, somos capaces de verla, pero toda esa concepción puede esfumarse, borrarse de nuestra mente, una de las funciones de la escaleta, es justo, preservar, recordar, recuperar.

Además, en la escaleta puedes organizar la historia, como un rompecabezas. Puedes decidir qué ocurrirá en cada capítulo y ella en el transcurso de la escritura, te guiará por el camino que previamente trazaste.

Ello no quiere decir que debes plegarte a lo que ya decidiste en la escaleta. No, puede variar. Tal vez en un inicio te planteas cincuenta capítulos y los reduces, o viceversa. Lo importante es que la escaleta es una herramienta de planificación y memorización muy eficaz, que te ayudará a mantener el control de tu historia.

Ahora veamos los Recursos Narrativos: Estos funcionan como una ficha técnica, yo de hecho, prefiero, en ocasiones, llamarlos así. Es de considerable ayuda, toda vez que te permite decidir de antemano varios elementos de los que depende no solo la calidad técnica de la obra, sino, además, la funcionalidad y verosimilitud de la misma.

• Género: Es importantísimo que seas consciente qué género quieres escribir, en primer lugar, para que, si no lo dominas, investigues, leas otras novelas del mismo grupo y acudas al proceso de creación, mejor preparado.

Existen casos en los que simplemente la historia nace de un tirón, –como decimos en cuba– y ni siquiera sabemos a qué género pertenece, hay quien ni siquiera imagina que están escribiendo una novela. Pues bien, en situaciones como esa, necesitas un libro como este "Narrador de Mentiras" para comprender qué es lo que estás haciendo.

• Estructura: Aquí pensarás en las dos caras de la estructura de toda obra: Interna la que se refiera a la Estructura interna del relato o Externa, la que se aplica a la organización por capítulos, partes, tomos, etc. del libro.

La estructura interna de la novela tiene algunas peculiaridades, que parten de la base de la estructura clásica o aristotélica del relato, harto conocida. Observa estas particularidades:

Estructura Interna de la Novela

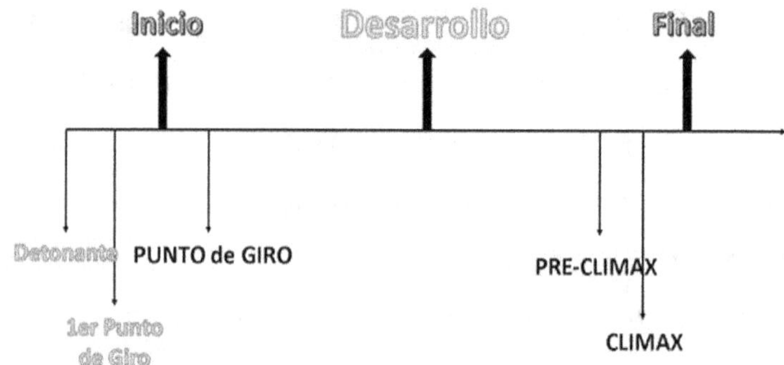

Ahí las ves destacadas en naranja dentro del gráfico. El Detonante y el Primer Punto de Giro, son elementos propios de la novela. El primero habla de una causa que motiva y genera el arranque o inicio de la historia. El detonante puede ser explícito o implícito, es decir, puede estar dentro de la historia; es palpable, legible, tangible, notorio. También puede estar fuera de ella, en cuyo caso se hace referencia, se deduce o se omite. El segundo llamado Pri-

mer Punto de Giro, es en efecto el origen del conflicto de la historia, un conflicto que irá in crescendo
para desembocar en un conflicto superior, situado
en la frontera, entre la introducción y el desarrollo,
que no es más que el Punto de Giro, clásico, de la
estructura aristotélica. Visualicemos en un ejemplo
ambos elementos:

Tenemos una novela cuyo tema es la pena
de muerte. Nuestra tesis plantea la inhumanidad
de este tipo de condenas. Para defenderla cons-
truimos un protagonista condenado en primera
instancia a cadena perpetua por dejar morir a sus
hijos por accidente. El condenado decide junto a su
defensor apelar al tribunal supremo, pero no cuenta con encontrarse con un famoso juez, conocido
por su severidad y la costumbre de aplicar la pena
máxima. En efecto llegado el día del fallo en el tribunal, el juez, sentencia al condenado a Pena de
Muerte.

Así inicia la historia que habría que ver cómo
continúa. Lo importante es que podemos con este
inicio distinguir los elementos primarios de la estructura que acabamos de estudiar. El detonante

está fuera, solo se hace referencia a él, no sé ve, no se narra, por tanto, es un Detonante Implícito. El trae consigo una consecuencia, un conflicto, que sería el primer punto de giro, la sentencia a cadena perpetua que sufre el protagonista. Hasta ahí, el personaje, sí, se enfrenta a un problema que varía su vida, pero no es suficiente para la historia, él podría acostumbrarse o resignarse a vivir en prisión, no obstante, decide luchar y apela, entonces ocurre el segundo punto de giro, el clásico que conocemos, el que encarna el verdadero conflicto que deseamos como autores, desarrollar en la novela. Ese conflicto inicia con el fallo del tribunal de apelaciones, donde el juez decide aplicar la pena máxima, y condena al personaje a morir. Evidentemente, el conflicto aumentó, se multiplicó, se agravó y en tanto lo sea, el personaje se opondrá a él, buscará solucionarlo y da motivo a un desarrollo de la historia.

• Tema: Muy importante saber el tema del que hablas, el tema es muy general –la muerte, la familia, el amor, la guerra, la política, el poder, la religión– ellos te darán esa historia de fondo, mensaje o segunda historia de la que incansablemente hablamos desde el inicio mismo de este libro.

El tema te llevará inevitablemente a plantearte una Tesis, es decir, un criterio u opinión sobre el tema –esto ya lo habíamos estudiado en la parte de dramaturgia– Si mi tema es El Poder, mi tesis dice que: El poder siempre corrompe. Aparecerá entonces una opinión que se oponga a mi tesis a la que llamamos Antítesis y plantea: No siempre el poder corrompe. Tanto la tesis como la antítesis necesitarán de alguien que las defienda y represente, esos son los personajes Protagónicos y Antagónicos respectivamente.

• Tiempo: Igual que la estructura, lo separamos en Interno –tiempo de ficción– y Externo – tiempo gramatical de la narración– es decir presente, pasado o futuro.

• Espacio: Existe el espacio Interno –espacio de ficción, donde se desarrollan los acontecimientos– espacio Externo –la persona gramatical– Primera, segunda o tercera persona.

• Personajes: Un tanto que ya los tenemos definidos desde los recursos anteriores, aquí en realidad lo reafirmaremos con sus nombres y definir quién es el protagónico y quién el antagónico.

• Narrador: un punto esencial, es el momento de decidir cómo será nuestro narrador y lo dejamos casi al final, porque será más sencillo, toda vez que tenemos una idea muy bien clara de lo que necesitamos y queremos en nuestra novela. ¿qué narrador usar? Eso debes decidirlo tú, aplicando lo que ya hemos estudiado en capítulos anteriores.

• Técnicas narrativas: Aunque es muy difícil decidir a primera una técnica narrativa, o a veces decidimos no complicarnos y olvidarlas, siempre, casi siempre, terminamos usando alguna de ellas. Si haces como yo, que ves en alguna un reto creativo, plantéate cuál y cómo emplearla, te ayudará muchísimo cuando llegue ese instante aterrador.

Nos restan los Recursos Dramatúrgicos; referidos a la historia en sí. Nos prepara para enfrentar momentos importantes de la obra:

• Inicio: Los arranques de la novela y de cualquier obra dramática-narrativa de ficción, es lo que garantiza el público. Es en este punto donde primero se vence al Tiempo de Gracia, ¿lo recuerdas? Si vences, es porque atrapaste al lector, se interesó y va a por más.

Sugerencia, escribe varios inicios, una y otra vez plantéate cómo sería la mejor manera de arrancar y con el llevarte a todos los que abran tu novela. Lee los inicios de otros autores y descubre la perspicacia y el talento que tienen. Cómo se la juegan toda en solo un párrafo, el primero de la novela.

• Desarrollo: Aquí estás salvado si has utilizado la escaleta, ella te ayudará, sin dudas, a saber qué es lo que quieres contar, a buscar un balance en la carga de tensión de la que hablamos con anterioridad, a evitar los cabos sueltos y pifias, pero sobre todas las cosas, a no aburrir al lector, a que tu historia no lo agote, le canse, lo duerma, sino, todo lo contrario, el interés aumente, el deseo por leer se torne una adicción, para eso debes minar el desarrollo de tu historia de pequeñas incógnitas , que plaguen de curiosidad al lector y constantemente deba seguir leyendo para encontrar respuestas a esas incógnitas de tu historia y así, hasta llegar al final.

• Final: Como mismo ocurre en el inicio, una

novela destaca por un inteligente final y sobre todas las cosas, inteligente aquí significa, que satisfaga al lector y al mismo tiempo deje abierta su imaginación a millones de posibilidades.

Mi consejo es escribir también varios finales, Hemingway lo hacía en sus novelas, llegó en algunas ocasiones a escribir más de veinte finales para una misma obra, hasta que decidió por el mejor de todos. Tu final será recordado por los lectores como tus inicios.

• Conflictos: Es sencillo, identifica el conflicto de tu historia, recuerda los cinco conflictos del drama, además de definir un posible desenlace, también te ayudará a desarrollar tu tema, tesis y antítesis, así como lograr una verosimilitud mayor de la obra.

• Acciones dramáticas: Es un concepto que está en todas partes de este texto. Pues sí, las acciones dramáticas son imprescindibles. Aquí, te plantearás un número de ellas, basándote en lo que ya tienes planificado.

Primero la acción básica, la que enfrenta al protagonista –representante de tu tesis– con el antagonista –defensor de la antítesis– y de esta acción básica o historia principal, comenzará a crecer las subordinadas.

Entre las subordinadas puedes plantearte los conflictos entre el protagonista y todos los personajes secundarios que se relacionen con él –jefes, colegas, amigos, familiares, vecinos, etc.– y que desde luego tengan un peso y carga que merezcan ser desarrollados en la historia. Así mismo puedes hacer con el antagonista y entre los personajes secundarios.

Es enriquecedor dar matices a cada una de estas acciones, es decir, si la acción básica es una tragedia, alguien saldrá lastimado o muerto, el resto pueden variar y ser comedias, farsas, melodramas, tragicomedias, piezas. Así el tono en cuanto a género dramático se refiere, de tu novela, no resulta agotador y tedioso para el lector.

¿Cuáles son los errores comunes al crear y escribir novelas?

Cuáles son esos errores típicos cometidos por aquellos que se lanzan a la arena caliente del relato complejo que es la novela. Ese es el tema que desarrollamos a continuación:

Los errores comunes son el sitio al que todo escritor de novelas acude en sus comienzos creativos, por inexperiencia, claro. Sin embargo, son formadores, toda una escuela. Los enumeramos y desarrollamos al unísono:

• Introducciones Extensas: Ocurren en las primeras historias que escribimos, el hecho de que no arranque la verdadera acción, que el narrador se recree en consideraciones, descripciones sin lugar, análisis y reflexiones, que demoran la acción. Finalmente, no parece avistarse un hecho, un conflicto, se adormece el lector, se pierde el tiempo de gracia y la novela fracasa. Sé directo desde el inicio, rompe motivando al lector, atráelo con un conflicto desconcertante, que atrape. Inocula la duda en él y lo tendrás a tu lado hasta el punto final.

• Personaje Protagónico Pasivo: Sucede

cuando el protagonista es derribado de su estatus por un personaje secundario, que gana relevancia. Recomiendo que, si te acontece algo similar, simplemente te plantees cambiar de protagonista y aceptar a ese personaje revelado, como el nuevo personaje principal.

• No presentar al Personaje Protagónico desde el inicio: Existe un código preestablecido en los lectores y espectadores, donde el primer personaje que aparece en la historia suele ser considerado el protagonista. Puede suceder que tú no presentes a tu personaje principal desde la primera, pero ojo, si lo haces, estarás propenso a confundir al lector, no obstante, siendo la literatura, ni una ciencia mucho menos, exacta, existe la rica posibilidad de que te funcione.

• Personajes de Blanco y Negro: Típico de los melodramas, sí, es real, es un género donde el mal es absoluto y el bien puro, pero si quieres escribir una novela verosímil, tus personajes deben serlo, deben tener matices, poseer virtudes como defectos, emular a los seres que los inspiran, para que el lector se sienta identificado con ellos.

• Derroche de ideas, argumentos y creaciones: Los que comienzan suelen gozar de una riqueza creativa que necesitan trasladar al texto, pero cuidado, puedes caer en el error de malgastar esa riqueza, abarrotar tu historia, confundir al lector con tantos elementos y distorsionar el curso de la narración.

Lograr un equilibrio y distribución medida de esas creaciones te garantiza, no solo evitar lo antes dicho, sino, además, quedarte con un déficit de ideas para continuar la novela. Créeme, necesitarás mucha materia prima para rellenar ese enorme muñeco que es la novela.

• Temor al diálogo: Algunos creen que mientras más narración más nivel tendrá su obra. No temas a darle voz a tus personajes, permíteles interactuar, dialogar entre ellos, deja que el narrador narre solo cuando sea necesario.

Los lectores contemporáneos, prefieren ver a los personajes desarrollarse y con ellos mover la historia, a que esa voz en ocasiones tediosa, del narrador, se los cuente.

Tampoco temas a la acotación "dijo" se usa

en el 90 % de las veces dentro de los textos, además de que te evita acotaciones redundantes como "preguntó" cuando es evidente pues utilizas los signos interrogativos; "exclamó" cuando has empleado signos de admiración y "respondió", cuando es lógico que, tras una pregunta, se suceda una respuesta.

• Precipitar el final: Es común que el joven novelista se agote en el camino o se desespere por ver concluida su obra maestra, sin maginar que esta es apenas, una clase de la gran cátedra que es la creación novelística. Ello acarrea el deseo desesperado por terminar y sin seguir el orden lógico, ni permitir la consecución temporal que deben tener los acontecimientos, el autor decide dar fin a la historia. El principal resultado es la insatisfacción del lector, por quedar confundido, no hallar muchas de las respuestas que busca y percibir la inexperiencia del autor en resolver con recursos claros y funcionales, el conflicto de la novela.

• Repasar la novela cada vez que decide escribir: También ocurre. Va el escritor nobel a escribir el siguiente capítulo y se autoengaña diciendo:

leeré lo que ya está listo, corrijo y continúo. Digo se engaña, porque esto ya le ha sucedido antes, y no solo ha abandonado varios proyectos de novelas, sino, además, no logra en esta, avanzar más allá del tercer episodio. Deja de releer lo que has escrito, simplemente, continúa desde la última palabra que plasmaste en el papel.

Una técnica usada por Hemingway, dejar la historia inconclusa en un instante de incógnita, de esos que con seguridad llamará la curiosidad del lector y a ti mismo, pero que además tú como autor, sepas qué es lo que va a ocurrir, así garantizas que tu mente mantenga activa la idea y el proceso creativo, además cuando retomes la escritura, rápidamente sabrás cómo continuar.

• Evita el Deux ex machina: Recuerdan este error; es un elemento externo que resuelve una historia sin seguir su lógica interna. Es incurrir en una incoherencia lógica, donde ante la disyuntiva de cómo resolver un conflicto, el autor se quede sin recursos creativos y lo resuelva de la forma más inverosímil, ingenua, burda y disfuncional que pueda existir.

Es como coloquialmente diríamos, "sacar un as bajo la manga". Leer otros autores, te ayudará a comprender cómo en conflictos similares, estos colegas han resulto el asunto. Detenerse, pensar, meditar, reflexionar, incluso permitir descansar a la obra y la mente, te ayudarán a plantearte un recurso resolutivo más eficaz.

• Autocensura y Prejuicios: Una vez mi profesor Felo nos hizo una anécdota. Decidido a escribir una novela. Compone la primera oración que decía "Soy maricón." Continuó hasta terminar el primer capítulo y luego un temor lo angustió. Creerán que en verdad soy maricón. Pensarán que esta novela es una declaración, un relato autobiográfico, se dijo. Inmediatamente corrigió hasta el punto de vista del narrador y rescribió "Él es maricón". Claro, luego comprendió que la novela había perdido fuerza, ya no era igual, el inicio no era tan impactante y llamativo, pero su temor a ser etiquetado de homosexual por lo que escribía, fue mayor y prefirió desechar la historia. Decisión de la que más tarde se arrepentiría, perdió la oportunidad de ser uno de los novelistas pioneros en tratar el tema gay, tabú por entonces en la sociedad cubana.

No le temas a los temas –redundancia necesaria e intencional– comprométete y trascenderás a la historia, no seas el primer censor de tu obra. Es cierto aparecerán las comisiones obstáculos que tiene por labor la censura, espera a que ella haga su trabajo, tu dedícate a escribir, ya tendrás tiempo de pelear por tu derecho a expresarte libremente. No te sometas a prejuicios, cambia el paradigma y revolucionarás lo que hasta ese instante se ha hecho. Aprovecha tu imaginación y escribe. Los grandes –para los que no alcanza el premio nobel, aunque lo merecen– siempre han tenido claro que hacer lo mismo de siempre no es el camino, y hacer lo mismo de siempre, es justamente, ceder a la censura y contaminarse con los prejuicios. La mente del novelista y el escritor en general, debe ser abierta, porque su función es hablar de lo humano y todo lo que de humanos venga, humano es. Como dijera uno de nuestros grandes escritores "nada humano, me es ajeno".

¿Cuáles son las experiencias estilísticas, en los inicios de novelas?

Esta pregunta me parece importante y una singularidad de este acápite porque nos permite hacer un breve repaso de lo que se ha experimentado en la novelística. La intención es conocer cómo escribían sus inicios y finales los grandes novelistas de la historia.

Creo que mejor cierre no podría tener este libro, porque de alguna manera, leeremos y disfrutaremos de esas clásicas, vigentes y siempre paradigmáticas, novelas de la literatura universal.

• La primera selección es de mi autor y escritor favorito el Gabo Márquez "Cien años de soledad":

"Muchos años después, frente al pelotón de fusilamiento, el coronel Aureliano Buendía había de recordar aquella tarde remota en que su padre lo llevó a conocer el hielo".

Número uno; el uso de la técnica del In medias res y luego un extenso, interesantísimo y complejo Racontto. García Márquez sabía mejor que nadie romper la estructura clásica y con el arranque desde el punto de giro, atrapar al lector. Pero la virtud del Gabo, no radica solo en el uso de estas técnicas y recursos, lo mejor de su obra está en los detalles, la riqueza de la historia, la caracterización deliciosa de los personajes, el desbordamiento de realismo y magia, en una mezcla única, donde por primera vez, se demostró, que no existe realidad o fantasía pura, nuestro mundo está construido sobre bases real maravillosas.

• Otro ejemplo del Gabo "Crónica de una muerte anunciada":

"El día en que lo iban a matar, Santiago Nasar se levantó a las 5.30 de la mañana para esperar el buque en que llegaba el obispo".

Desde el inicio mismo, ya nos convoca, nos reta a curiosear. Luego con este comienzo intrigante se cristaliza el tiempo de gracia. Nota como usa el recurso de la muerte, tanto en este como en el ejemplo anterior. En Cien años de soledad, nos anuncia que un coronel está frente a un pelotón de fusilamiento a punto de ser ultimado. En el presente ejemplo, nos revela de antemano que el protagonista efectivamente morirá y no le importa darnos esa información, insisto, no es el punto de giro lo que le mueve a este creador constelar, es el trasfondo, es lo que hay detrás, son los personajes, los hechos diarios y cotidianos, que parecen ordinarios y él fue capaz de transformar en extraordinarios.

Otro recurso importante, que agrega credibilidad y realismo es el recurso de la contextualización en tiempo, en este caso el hecho de definir la hora exacta en que ocurrieron los hechos. Es un recurso ya empleado por otro de los grandes como Alejandro Dumas, quien solía iniciar sus novelas con una fecha, lo que da la sensación de que los hechos ocurrieron en realidad y fortalece la verosimilitud del relato.

• "El Ingenioso hidalgo, Don Quijote de La Mancha" de Miguel de Cervantes Saavedra:

"En algún lugar de La Mancha de cuyo nombre no quiero acordarme, no ha mucho tiempo que vivía un hidalgo de los de lanza en astillero, adarga antigua, rocín flaco y galgo corredor..."

El principio más parafraseado de la historia. La negativa a recordar el lugar exacto de La Mancha donde ocurrió la historia, por este narrador en primera persona que en unas pocas palabras desaparece, hace una muda hasta hoy injustificada y da paso al narrador externo en tercera persona que continúa el relato, es el primer atractivo del inicio. Inmediatamente el lector hábil se preguntará, ¿por qué no quiere recordar el lugar exacto? ¿Ofrecerá el dato más adelante? ¿Dirá porqué lo ocultó? Todas estas incógnitas intentará resolver el lector. Pero hay más. El recurso mismo de mencionar el sitio, geográficamente real, La Mancha, identifica al lector quien siente reforzado el realismo de la novela al ubicarla en el espacio.

También es llamativa la muda injustificada –tal vez para Cervantes sí había una justificación que solo él fue capaz de ver– donde se arranca con un narrador personaje y luego saltamos a un narrador externo.

• Lo cierto es que otra obra capitolesca: "Madame Bovary" de Gustave Flaubert, padece de este mismo caso. Veamos:

"Nos encontramos en una clase cuando entró el director. Le seguían un nuevo alumno con traje dominguero y un bedel cargado con un gran pupitre..."

Como notarás, Flaubert arranca con un narrador personaje, que nos cuenta lo que sucede a la llegada de este desconocido estudiante. Si bien no hay grandes recursos de intriga o gancho en este inicio que da paso a una extensa introducción –tal vez, no era el interés del autor, como luego demuestra con un relato profundamente desarrollado– ocurre lo mismo que en el Quijote, una muda espacial injustificada, que además, pasa inadvertida ante los ojos de muchos lectores.

La cuestión es: ¿Porqué ambos autores incurren en esta presunta falta técnica? ¿Cómo es posible que funcione? ¿Es una mera licencia que ambos se tomaron? Habría que encontrar esas y muchas otras respuestas, para desentrañar el secreto. Algunos consideran un recurso de suerte que ha bañado de gloria tanto a las dos novelas como a sus autores. Yo, más pragmático, últimamente, creo que la verdadera suerte está en el valor de la historia contenida, que en las formas de narrar, incluyendo las técnicas, ello sin demeritarlas.

Veamos algunos otros ejemplos para cerrar:

• "Moby Dick" de Herman Melville

"Call me Ishmael..." traducimos: "Llámenme Ismael..."

Desconcertante arrancada. Una incógnita de entrada. ¿Se llamará realmente Ismael, ese narrador en primera persona? ¿Por qué ocultar su verdadera identidad?

• Un cubano, Guillermo Cabrera Infante autor de "Tres tristes tigres":

"Showtime! Señoras y señores. Ladies and gentlemen. Muy buenas noches, damas y caballeros, tengan todos ustedes. Good-evening, ladies & gentlemen. Tropicana, el cabaret más fabuloso del mundo..."

Muy caribeño, desbordado de llamados de atención, de hecho es una típica convocatoria de cabaret. Muy inteligente sin dudas.

• Para el que lee "Los detectives salvajes" de Roberto Bolaños la primera pregunta que salta es ¿Qué es el realismo visceral?

2 de noviembre.

"He sido cordialmente invitado a formar parte del realismo visceral. Por supuesto, he aceptado.

No hubo ceremonia de iniciación. Mejor así".

• "Me llamo Rojo" de Orhan Pamuk:

"Encuentra al hombre que me asesinó y te contaré detalladamente lo que hay en la otra vida".

Increíble, ¿verdad? Creo que este se defiende por sí solo. Quiero terminar esta ronda de inicios con dos de mi autoría.

• Comienzo con mi primer libro publicado –un libro para niños– titulado "El Príncipe de los Traviesos":

"El día en que su cuerpo se dividió en dos, Pepe no fue a la escuela".

• El otro pertenece a mi novela "Juan Ateo":

"Juan Ateo, el abogado de oficio, se contentó con la sentencia decretada por el magistrado: Pena de Muerte. De pie frente al estrado, pero ausente del recinto, María Ana Deldía, no prestó atención al veredicto del Juez".

¿Por qué un abogado celebra la condena a muerte de su defendida? Tienes que descubrirlo.

**¿Cuáles son las experiencias estilísticas, en los finales
de novelas?**

El fin. Siempre complejo, siempre apetecido, pero a la vez un suceso de sentimientos encontrados. Autores que lloran, otros que se suicidan, muchos que festejan, algunos que simplemente experimentan alivio o paz. Lo que sí deben lograr todos, es cerrar con dignidad. No permitirse que el cansancio o la desesperación de un largo proceso creativo, como implica la novela, se autodestruya en el final.

Simplemente te convoco a disfrutar los estilos de esos hermosos finales:

1.	El Ingenioso Hidalgo Don Quijote de la Mancha

Para mi solo nació don Quijote, y yo para él, él supo obrar, y yo escribir; solos los dos somos para una, a despecho y pesar del escritor fingido tordesillesco, que se atrevió o se ha de atrever a escribir con pluma de avestruz grosera y mal deliñada las hazañas de mi valeroso caballero, porque no es carga de sus hombros, ni asunto de su resfriado ingenio, a quien advertirás, si acaso llegas a cono-

cerle, que deje reposar en la sepultura los cansados y ya podridos huesos de don Quijote, y no le
quiera llevar contra todos los fueros de la muerte, a
Castilla la Vieja, haciéndole salir de la fuesa, donde real y verdaderamente yace, tendido de largo
a largo, imposibilitado de hacer tercera jornada y
salida nueva; que para hacer burla de tantos como
hicieron tantos andantes caballeros, bastan las dos
que él hizo tan a gusto y beneplácito de las gentes
a cuya noticia llegaron, así en estos como en los
extraños reinos. Y con estos cumplirás con tu cristiana profesión, aconsejando bien a quien mal te
quiere. Y yo quedaré satisfecho y ufano de haber
sido el primero que gozó el fruto de sus escritos enteramente, como deseaba; pues no ha sido otro mi
deseo que poner en aborrecimiento de los hombres
las fingidas y disparatadas historias de los libros de
caballerías, que por las de mi verdadero don Quijote van ya tropezando, y han de caer del todo sin
duda alguna. –Vale.

2.   El siglo de las luces (Alejo Carpentier)

Cuando quedó cerrada la última puerta, el
cuadro de la "Explosión en una Catedral", olvidado

en su lugar –acaso voluntariamente olvidado en su lugar– dejó de tener asunto, borrándose, haciéndose mera sombra sobre el encarnado oscuro del brocado que vestía las paredes del salón y parecía sangrar donde alguna humedad le hubiese manchado el tejido.

3.	El Príncipe de los Traviesos (Eduardo Angarica Freire)

Pepe ya se sentía sobre el blando colchón de su cama y tuvo ganas de abrir los ojos. Cuando despertó, el Principito todavía estaba allí, porque en cada ocasión que se miraba en el espejo, lo reencontraba.

4.	Diario de Ana Frank

Cuando me muestro grave y tranquila, doy la impresión a todo el mundo de que interpreto otra comedia; y enseguida recurro a una pequeña chanza para zafarme; no hablo siquiera de mi propia familia, que, persuadida de que estoy enferma, me hace engullir píldoras contra las jaquecas y los nervios, me mira la garganta, me tantea la cabeza para ver si tengo fiebre, me pregunta si estoy resfriada, y termina por criticar mi mal humor. Ya no puedo soportarlo: cuando se ocupan demasiado de mí, primero me vuelvo áspera, luego triste, revertiendo mi corazón una vez más a fin de mostrar la parte mala y ocultar la puerta buena, y sigo buscando la manera de llegar a ser, la que yo sería capaz de ser, si… no hubiera otras personas en el mundo.

Tuya, Ana.

5.	Adiós a las armas (Ernest Hemingway)

Pero después que las hice salir y cerré la puerta y apagué la luz vi que era inútil. Era como despedirme de una estatua. Al cabo de un rato salí, abandoné el hospital y volví caminando al hotel, bajo la lluvia.

6.	Rebelión en la granja (Eric Arthur Blair, más conocido como George Orwell)

Doce voces indignadas gritaban, y todas eran iguales. Lo que había ocurrido en los rostros de los cerdos era ahora evidente. Los animales que estaban fuera miraban a un cerdo y después a un hombre, a un hombre y después a un cerdo y de nuevo a un cerdo y después a un hombre, y ya no podían saber cuál era cuál.

7.   El viejo y el mar (Ernest Hemingway)

Allá arriba, junto al camino, en su cabaña, el viejo dormía nuevamente. Todavía dormía de bruces y el muchacho estaba sentado a su lado contemplándolo. El viejo soñaba con los leones marinos.

8.   El Testamento (John Grisham)

Rachel había comprendido en cierto modo que él ya no era un borracho, que se había curado de sus adicciones y que los demonios que controlaban su vida ya estaban enterrados para siempre. Había visto en él un fondo de bondad, había adivinado que estaba buscando algo y había encontrado una vocación para él. Dios se lo había dicho.

Jevy lo despertó cuando ya había oscurecido.

—Ha salido la luna —susurró.

Se sentaron en la proa. Justo a su espalda, Welly gobernaba el timón siguiendo la luz de la luna llena mientras el Xeco baja serpeando hacia el Paraguay.

—Esta embarcación es muy lenta —dijo Jevy—. Tardaremos dos días en llegar a Corumbá.

Nate sonrió. No le hubiera importado que tardaran un mes.

9.	Juan Ateo (Eduardo Angarica Freire)

La invitación tuvo que esperar, pero esa vez, para Juan Ateo no habría retrasos, ni se perdería en los pasillos de la nueva oficina o le humillarían en el restaurante del edificio, simularía o mejor aún, decidió fingir, no alcanzar a ver las luces, las pocas que el mundo le ofrecía, para escalar desapercibido, al próximo nivel de su existencia.

10.	Cien años de soledad (Gabriel Gabo García Márquez)

Entonces dio otro salto para anticiparse a las predicciones y averiguar la fecha y las circunstancias de su muerte. Sin embargo, antes de llegar al verso final ya había comprendido que no saldría jamás de ese cuarto, pues estaba previsto que la ciudad de los espejos (o los espejismos) sería arrasada por el viento y desterrada de la memoria de los hombres en el instante en que Aureliano Babilonia acabara de descifrar los pergaminos, y que todo lo escrito en ellos era irrepetible desde siempre y para siempre, porque las estirpes condenadas a cien años de soledad no tenían una segunda oportunidad sobre la tierra.

www.ingramcontent.com/pod-product-compliance
Lightning Source LLC
Chambersburg PA
CBHW071926150726
47999CB00001B/118